Kuschelstrick

für kalte Tage

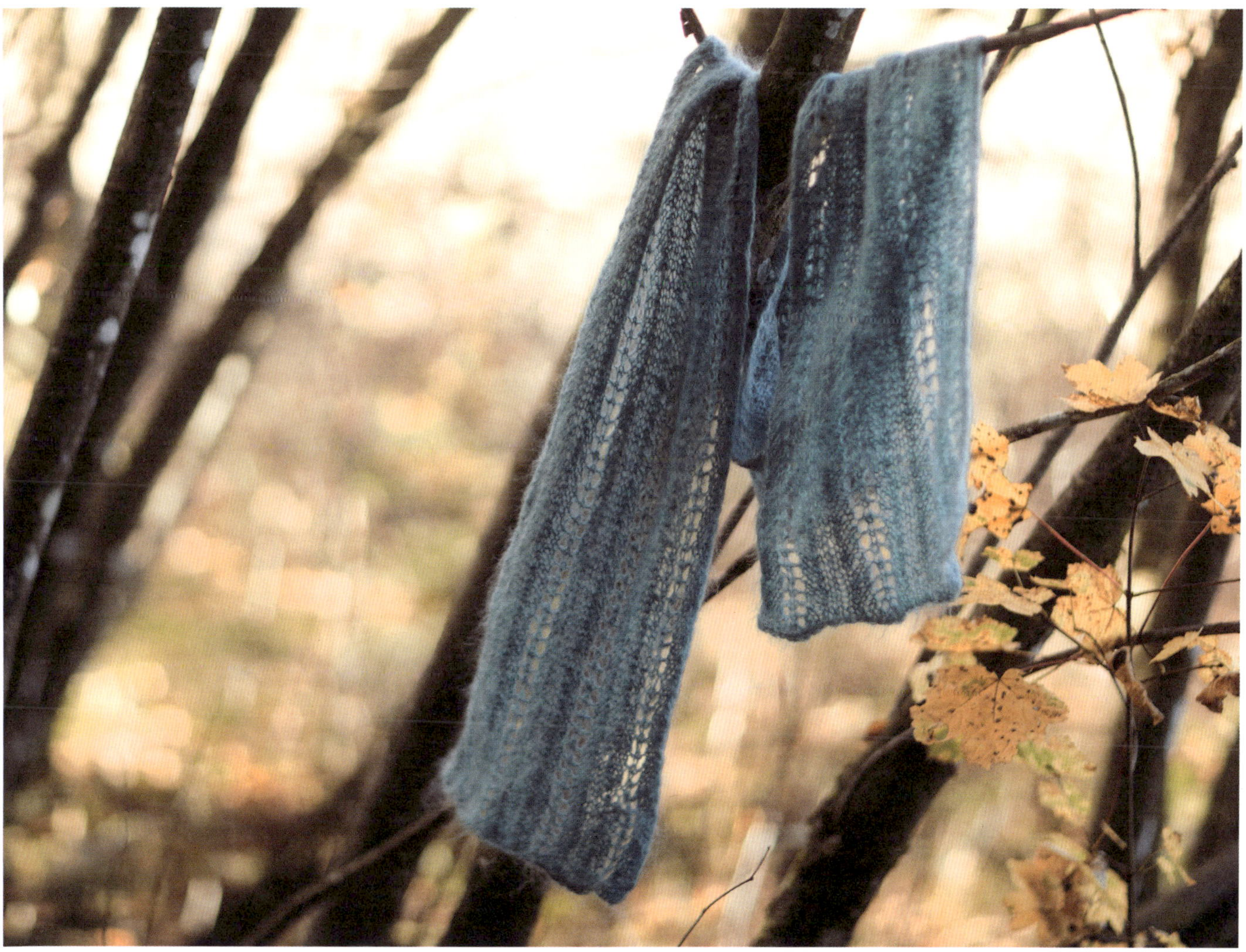

Kuschelstrick
für kalte Tage

Strickmuster für Mützen, Schals, Stulpen und mehr

stiebner

©Judith Jelena Paus für den Stiebner Verlag
Covergestaltung, Layout und Satz: Danai Afrati
Fotografie: Michael Ruder, Lichtpunkt, Stuttgart
Illustrationen Stricktechniken: Lilli Jokisch
Produktmanagement und Lektorat: Stefanie Klapetek
Schlusskorrektur: Regina Rilz
Druck: Central Dabas Printing House, Ungarn

2. Auflage 2023
Bibliografische Information der Deutschen Nationalbibliothek:
Die Deutsche Nationalbibliothek verzeichnet diese Publikation in der Deutschen Nationalbibliografie; detaillierte bibliografische Daten sind im Internet über http://dnb.dnb.de abrufbar.
ISBN 978-3-8307-2114-7

Wir produzieren unsere Bücher mit großer Sorgfalt und Genauigkeit. Trotzdem lässt es sich nicht ausschließen, dass uns in Einzelfällen Fehler passieren. Auf unserer Webseite finden Sie bei dem jeweiligen Titel eventuelle Hinweise und Korrekturen. Sollten Sie in diesem Buch einen Fehler finden, so bitten wir um einen Hinweis an verlag@stiebner.com. Für solche Hinweise sind wir sehr dankbar, denn sie helfen uns, besser zu werden.
Dieses Buch liegt auch als ebook vor, mit ISBN 978-3-8307-3070-5
www.stiebner.com

Inhaltsverzeichnis

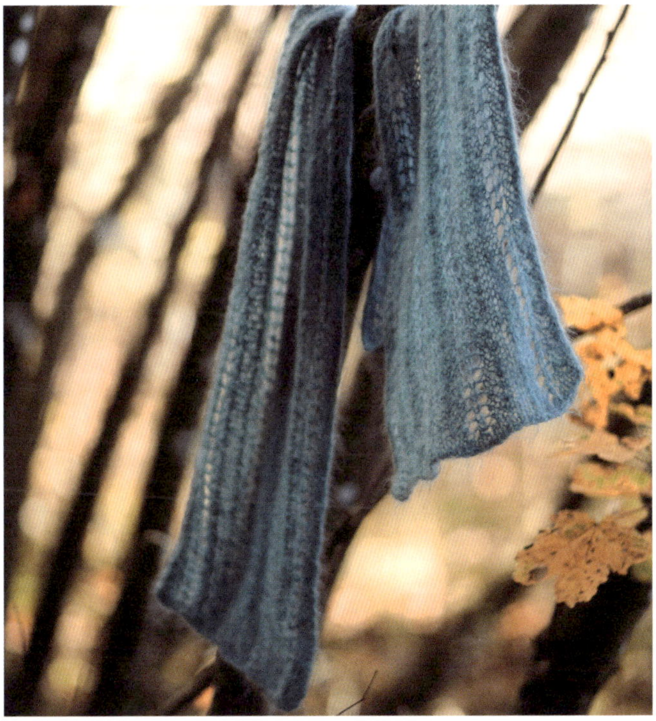

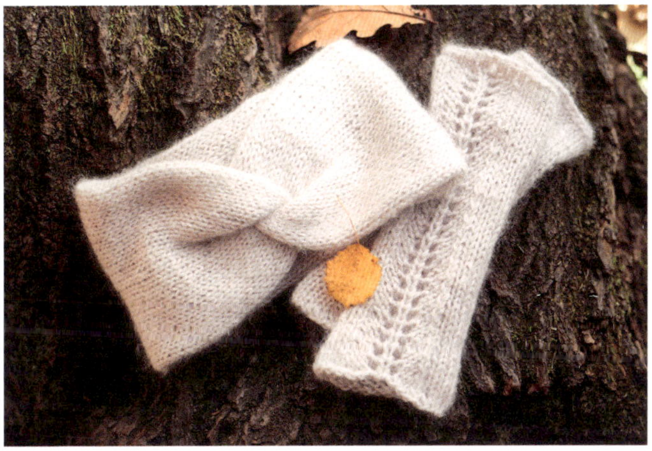

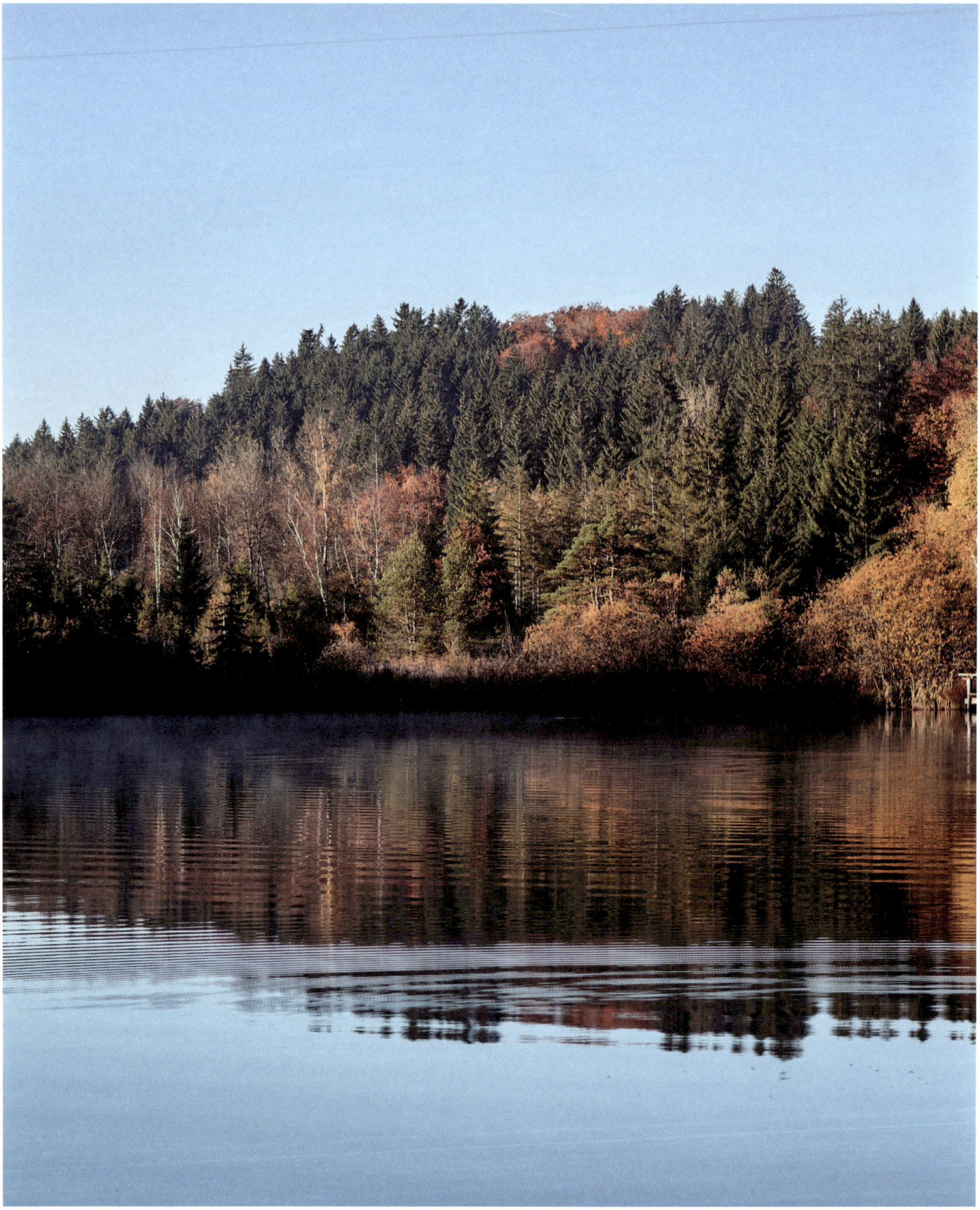

Vorwort

Liebe Leser:innen,

Stricken gehört für mich zum Leben wie die Luft zum Atmen. Seit vielen Jahren praktiziere ich Yoga und entspanne mich durch die verschiedenen Körper- und Atemübungen vollkommen. Dasselbe erlebe ich beim Handarbeiten. Durch abwechslungsreiche Rapporte vergesse ich die Welt um mich herum. Stricken ist »Loslassen« für den Kopf. Dabei bin ich jedes Mal aufs Neue begeistert, welch wunderschöne Muster sich aus ein paar »einfachen Maschen« kreieren lassen. In jedem einzelnen Modell dieses Buches steckt viel Leidenschaft, und hinter jedem Teil verbirgt sich eine Geschichte. Gerne möchte ich diese Geschichten in Form von liebevoll gestalteten Designs mit dir teilen und hoffe, dich ebenfalls in den Bann der Strickmagie ziehen zu können.
Selbstgemachte Dinge sind viel kostbarer als gekaufte. Deshalb habe ich bei der Entwicklung besonders viel Wert auf hochwertige Garnsorten gelegt, die deinem neuen Lieblingsstück ein langes Leben geben. Selbstverständlich sind das alles nur Vorschläge. Das Reizvolle am Selbermachen ist, dass der Fantasie keine Grenzen gesetzt sind. Personalisiere mein Design mit deiner Happy-Farbe und deiner Lieblingswolle. Lass uns gemeinsam die Welt vergessen und Schönes erschaffen.

Deine Judith Jelena

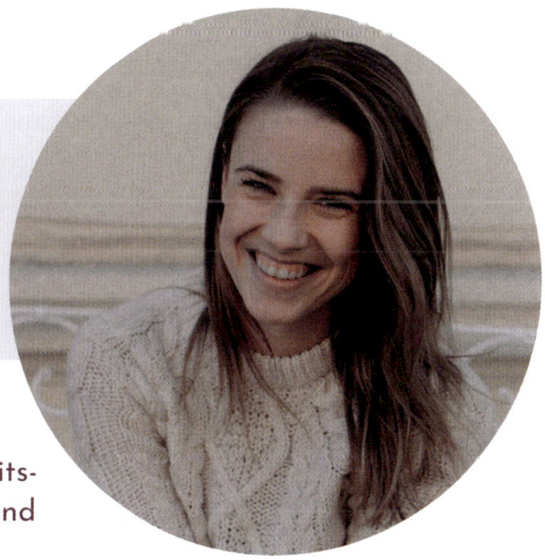

Mehr von Judith findest du auf:
Instagram: @judithjelena
Youtube: Judith Jelena DIY

Die Anleitungen dieses Buches sind in 3 verschiedene Schwierigkeitsgrade eingeteilt. Ein ist dabei am einfachsten nachzumachen und drei sind eher für fortgeschrittene Stricker geeignet.

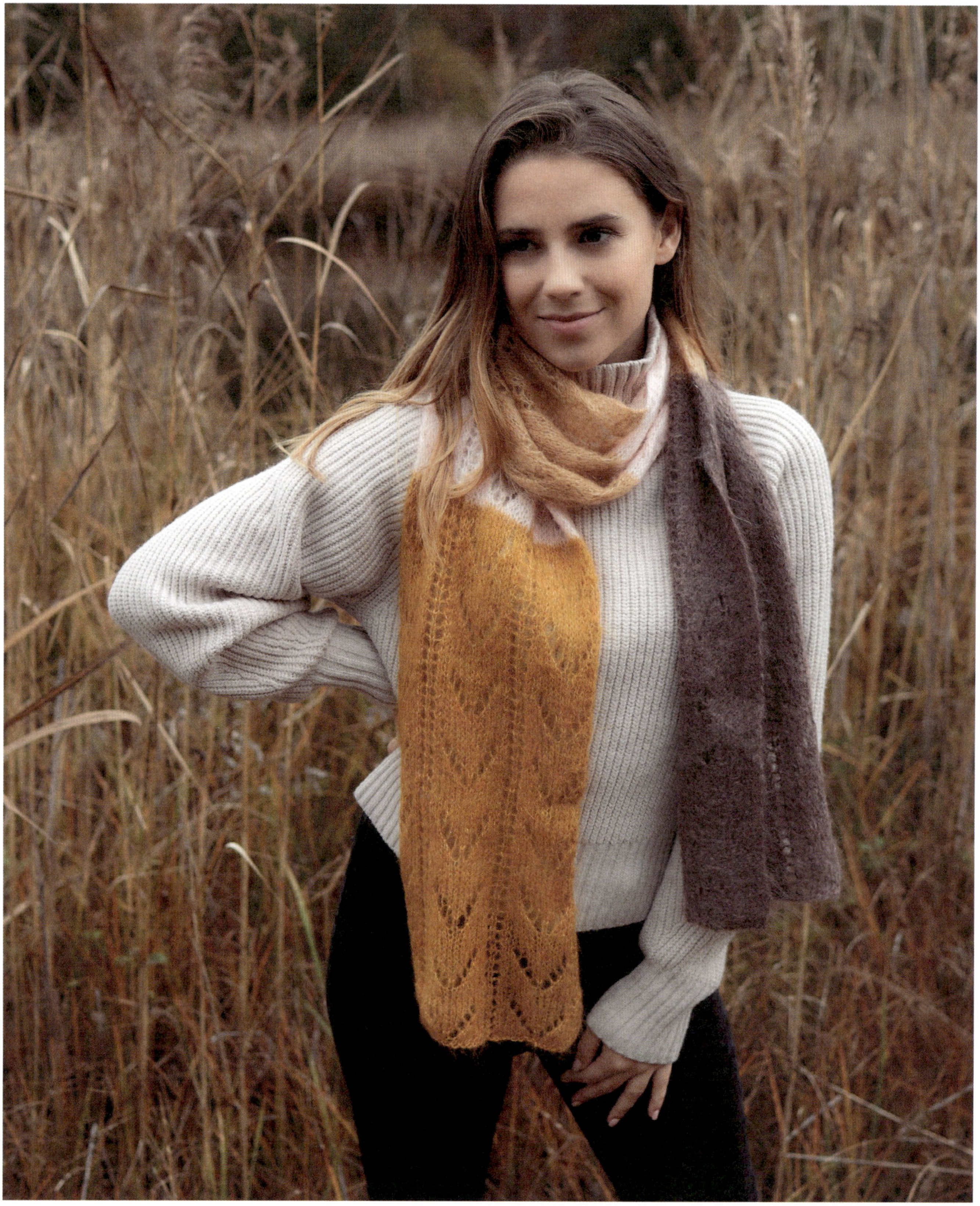

Tuch Minu

Größe: 30 cm breit und 220 cm lang

Garn: Brigitte No. 3, Lana Grossa
(40 % Mohair, 37 % Schurwolle,
23 % Polyamid), 100 m/25 g

Benötigte Menge: 1 x 25 g-Knäuel in Nougat (Fb 21), 1 x 25 g-Knäuel in Curry (Fb 22), 1 x 25 g-Knäuel in Camel (Fb 19) und 1 x 25 g-Knäuel in Zartrosa (Fb 8)

Maschenprobe: 10 x 10 cm = 15 Maschen x 24 Reihen in glatt rechts mit NS 5 mm gestrickt

Nadeln: Stricknadeln 5 mm bzw. die Größe, mit der die richtige Maschenprobe erreicht wird. Das Tuch lässt sich am einfachsten auf einer Rundstricknadel in Hin- und Rückreihen mit einem Seil von 80 cm stricken.

Verwendete Techniken: Lochmuster stricken

Strickschrift

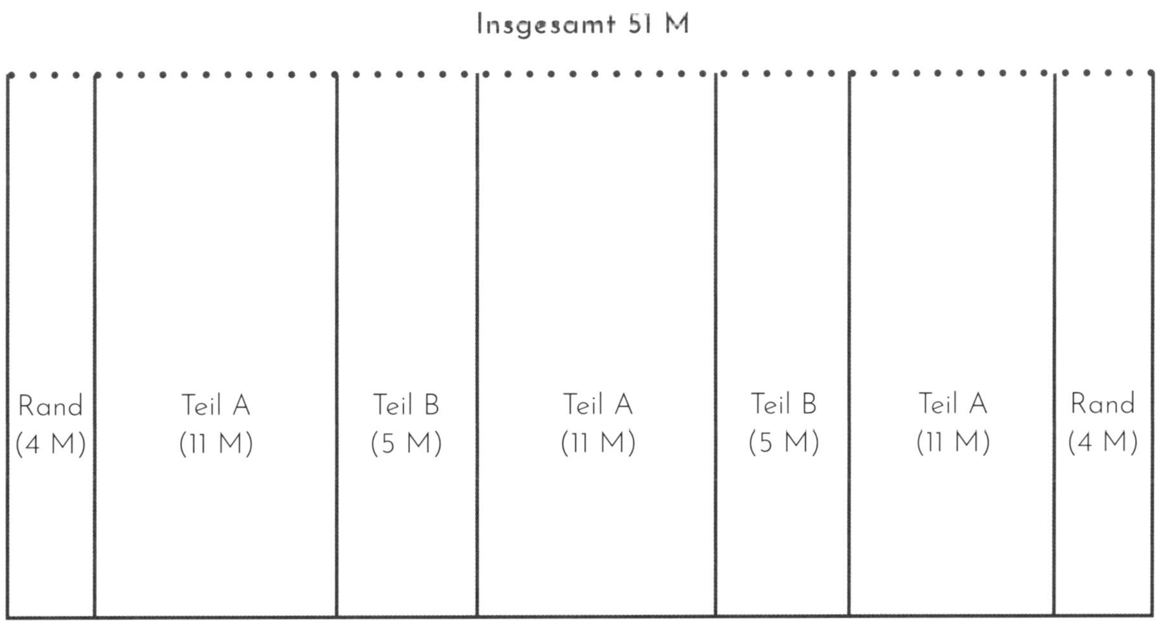

				Teil B (5 M)					Teil A (11 M)											Rand (4 M)				Reihe
RM	RM	RM	RM	>	U	x	U	<	x	x	x	x	x	x	x	x	x	x	x	RM	RM	RM	RM	11.
RM	RM	RM	RM	>	U	x	U	<	>	U	x	x	x	x	x	x	x	U	<	RM	RM	RM	RM	9.
RM	RM	RM	RM	>	U	x	U	<	x	>	U	x	x	x	x	x	U	<	x	RM	RM	RM	RM	7.
RM	RM	RM	RM	>	U	x	U	<	x	x	>	U	x	x	x	U	<	x	x	RM	RM	RM	RM	5.
RM	RM	RM	RM	>	U	x	U	<	x	x	x	>	U	x	U	<	x	x	x	RM	RM	RM	RM	3.
RM	RM	RM	RM	>	U	x	U	<	x	x	x	x	x	x	x	x	x	x	x	RM	RM	RM	RM	1.

RM = Randmasche
x = rechte Masche
- = linke Masche
< = 2 M rechts überzogen zusammenstricken*
> = 2 M rechts zusammenstricken
U = Umschlag

* Hebe eine M wie zum Rechtsstricken ab, stricke die nächste M rechts, ziehe die abgehobene M über die gestrickte M (M = Masche)

Die Rückreihen sind in der Strickschrift nicht aufgeführt.

TEIL A:

Teil A besteht aus 11 M.

1. **R (HR):** Alle M re stricken.
2. **R (RR):** Alle M li stricken.
3. **R (HR):** 3 re M, 2 M re überzogen zsm, 1 U, 1 re M, 1 U, 2 M re zsm, 3 re M.
4. **R (RR):** Alle M li stricken.
5. **R (HR):** 2 re M, 2 M re überzogen zsm, 1 U, 3 re M, 1 U, 2 M re zsm, 2 re M.
6. **R (RR):** Alle M li stricken.
7. **R (HR):** 1 re M, 2 M re überzogen zsm, 1 U, 5 re M, 1 U, 2 M re zsm, 1 re M.
8. **R (RR):** Alle M li stricken.
9. **R (HR):** 2 M re überzogen zsm, 1 U, 7 re M, 1 U, 2 M re zsm.
10. **R (RR):** Alle M li stricken.
11. **R (HR):** Alle M re stricken.
12. **R (RR):** Alle M li stricken.

TEIL B:

Teil B besteht aus 5 M.

1. **R (HR):** 2 M re überzogen zsm, 1 U, 1 re M, 1 U, 2 M re zsm.
2. **R (RR):** Alle M li stricken.
3. **R (HR):** 2 M re überzogen zsm, 1 U, 1 re M, 1 U, 2 M re zsm.
4. **R (RR):** Alle M li stricken.
5. **R(HR):** 2 M re überzogen zsm, 1 U, 1 re M, 1 U, 2 M re zsm.
6. **R (RR):** Alle M li stricken.
7. **R (HR):** 2 M re überzogen zsm, 1 U, 1 re M, 1 U, 2 M re zsm.
8. **R (RR):** Alle M li stricken.
9. **R (HR):** 2 M re überzogen zsm, 1 U, 1 re M, 1 U, 2 M re zsm.
10. **R (RR):** Alle M li stricken.
11. **R (HR):** 2 M re überzogen zsm, 1 U, 1 re M, 1 U, 2 M re zsm.
12. **R (RR):** Alle M li stricken.

RANDMASCHEN

Jede Reihe beginnt und endet mit vier Randmaschen (RM). Die erste Masche wird in jeder Hin- und Rückreihe wie zum Linksstricken, mit dem Faden vor der Arbeit, abgehoben (nicht gestrickt), die restlichen Randmaschen werden rechts gestrickt.
Die Randmaschen werden in jeder Hin- und Rückreihe so gearbeitet (kraus rechts).

Schriftliche Anleitung

Sieh dir für einen besseren Überblick die Skizze an. Ich empfehle, mit der Strickschrift zu arbeiten.

Schlage 51 M auf deiner 5 mm Rundnadel an.

TIPP: Nimm die Nadeln doppelt, damit der Anschlag locker wird.

1. **R (HR):** 4 RM, 1. R von Teil A, 1. R von Teil B, 1. R von Teil A, 1. R von Teil B, 1. R von Teil A, 4 RM (51 M).
2. **R (RR):** 4 RM, 2. R von Teil A, 2. R von Teil B, 2. R von Teil A, 2. R von Teil B, 2. R von Teil A, 4 Randmaschen (51 M).
3. **R (HR):** 4 RM, 3. R von Teil A, 3. R von Teil B, 3. R von Teil A, 3. R von Teil B, 3. R von Teil A, 4 RM (51 M).
4. **R (RR):** 4 RM, 4. R von Teil A, 4. R von Teil B, 4. R von Teil A, 4. R von Teil B, 4. R von Teil A, 4 RM (51 M).
5. **R (HR):** 4 RM, 5. R von Teil A, 5. R von Teil B, 5. R von Teil A, 5. R von Teil B, 5. R von Teil A, 4 RM (51 M).
6. **R (RR):** 4 RM, 6. R von Teil A, 6. R von Teil B, 6. R von Teil A, 6. R von Teil B, 6. R von Teil A, 4 RM (51 M).
7. **R (HR):** 4 RM, 7. R von Teil A, 7. R von Teil B, 7. R von Teil A, 7. R von Teil B, 7. R von Teil A, 4 RM (51 M).
8. **R (RR):** 4 RM, 8. R von Teil A, 8. R von Teil B, 8. R von Teil A, 8. R von Teil B, 8. R von Teil A, 4 RM (51 M).
9. **R (HR):** 4 RM, 9. R von Teil A, 9. R von Teil B, 9. R von Teil A, 9. R von Teil B, 9. R von Teil A, 4 RM (51 M).
10. **R (RR):** 4 RM, 10. R von Teil A, 10. R von Teil B, 10. R von Teil A, 10. R von Teil B, 10. R von Teil A, 4 RM (51 M).
11. **R (HR):** 4 RM, 11. R von Teil A, 11. R von Teil B, 11. R von Teil A, 11. R von Teil B, 11. R von Teil A, 4 RM (51 M).
12. **R (RR):** 4 RM, 12. R von Teil A, 12. R von Teil B, 12. R von Teil A, 12. R von Teil B, 12. R von Teil A, 4 RM (51 M).

Wiederhole die Reihen 1 bis 12, bis du alle vier Knäuel verstrickt hast.

Fertigstellung

Kette alle Maschen locker ab, damit sich das Ende nicht zusammenzieht. Vernähe anschließend die Fäden.

Damit dein Strickstück seine volle Schönheit entfalten kann, rate ich dir, , das Tuch nach der Fertigstellung in ein lauwarmes, 5-minütiges Wasserbad zu legen. Lass es anschließend im Liegen trocknen. Zusätzlich kannst du es noch leicht spannen, damit sich die Maschen gleichmäßig legen.

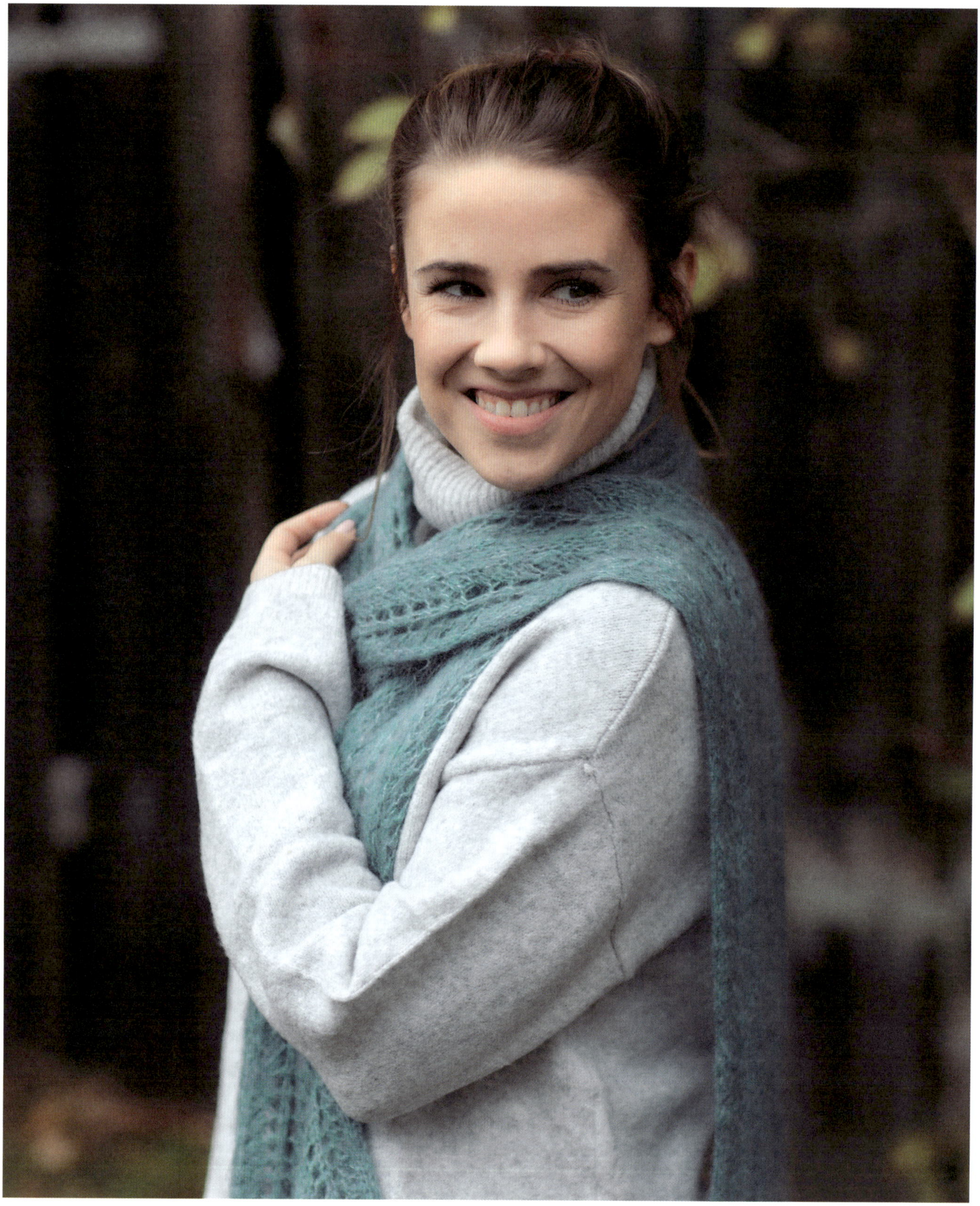

Tuch Muscari

Größe: 25 cm breit und 190 cm lang

Garn: Brigitte No. 3, Lana Grossa (40 % Mohair, 37 % Schurwolle, 23 % Polyamid), 100 m/25 g

Benötigte Menge: 3 x 25 g-Knäuel in Graugrün (Fb 17)

Maschenprobe: 10 x 10 cm = 15 Maschen x 24 Reihen in glatt rechts mit NS 5 mm gestrickt

Nadeln: Stricknadeln 5 mm bzw. die Größe, mit der die richtige Maschenprobe erreicht wird. Das Tuch lässt sich am einfachsten auf einer Rundstricknadel in Hin- und Rückreihen mit einem Seil von 80 cm stricken.

Verwendete Techniken: Lochmuster stricken

Strickschrift

Maschenrapport (11 M)

													Reihe
RM	–	–	–	–	–	–	–	–	–	–	–	RM	4.
RM	x	>	x	x	U	x	U	x	x	<	x	RM	3.

RM = Randmasche
x = rechte Masche
- = linke Masche
< = 2 M rechts überzogen zusammenstricken*
> = 2 M rechts zusammenstricken
U = Umschlag

* Hebe eine M wie zum Rechtsstricken ab, stricke die nächste M rechts, ziehe die abgehobene M über die gestrickte M

RANDMASCHEN

Jede Reihe beginnt und endet mit einer Randmasche (RM). Die erste Masche wird in jeder Hin- und Rückreihe wie zum Linksstricken, mit dem Faden vor der Arbeit, abgehoben (nicht gestrickt), die letzte Randmasche wird rechts gestrickt.

Schriftliche Anleitung

Schlage 46 M auf deiner 5 mm Rundnadel an.

TIPP: Nimm die Nadeln doppelt, damit der Anschlag locker wird.

1. **R (HR):** 1 RM, 44 re M, 1 RM (46 M).
2. **R (RR):** 1 RM, 44 li M, 1 RM (46 M).
3. **R (HR):** 1 RM, *1 re M, 2 M re überzogen zsm, 2 re M, 1 U, 1 re M, 1 U, 2 re M, 2 M re zsm, 1 re M*, 1 RM (Angaben in Sternen 4-mal wiederholen) (46 M).
4. **R (RR):** 1 RM, 44 li M, 1 RM (46 M).

Fertigstellung

Wiederhole die Reihen 1 bis 4, bis du alle drei Knäuel verstrickt hast. Kette alle Maschen locker ab, damit sich das Ende nicht zusammenzieht. Vernähe anschließend die Fäden.

Damit dein Strickstück seine volle Schönheit entfalten kann, rate ich dir, , das Tuch nach der Fertigstellung in ein lauwarmes, 5-minütiges Wasserbad zu legen. Lass es anschließend im Liegen trocknen. Zusätzlich kannst du es noch leicht spannen, damit sich die Maschen gleichmäßig legen.

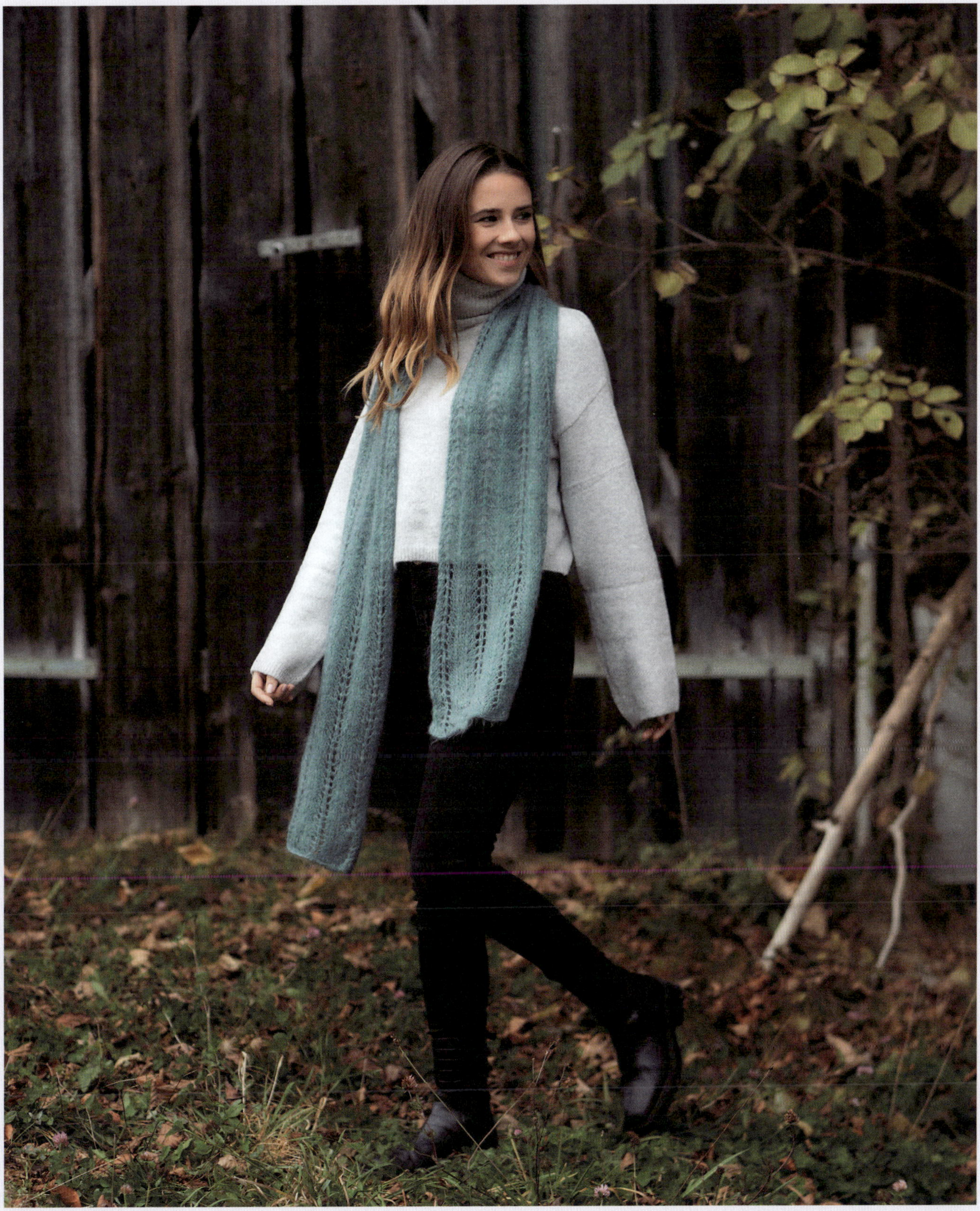

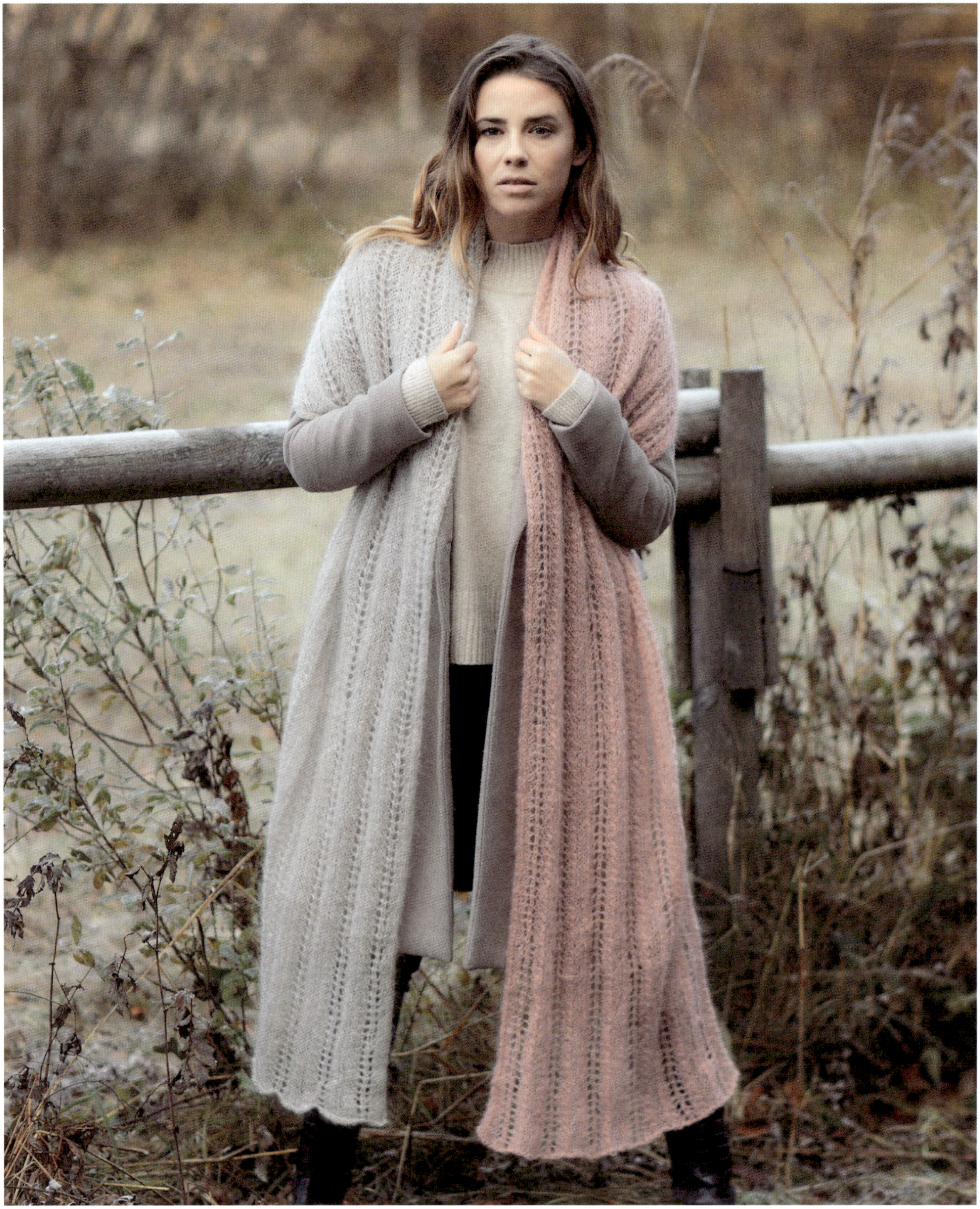

Tuch Muscari XXL

Größe: 40 cm breit und 250 cm lang

Garn: Brigitte No. 3, Lana Grossa (40 % Mohair, 37 % Schurwolle, 23 % Polyamid), 100 m/25 g

Benötigte Menge: 3 x 25 g-Knäuel in Grège (Fb 34) und 3 x 25 g-Knäuel in Puderrosa (Fb 26)

Maschenprobe: 10 x 10 cm = 15 Maschen x 24 Reihen in glatt rechts mit NS 5 mm gestrickt

Nadeln: Stricknadeln 5 mm bzw. die Größe, mit der die richtige Maschenprobe erreicht wird. Das Tuch lässt sich am einfachsten auf einer Rundstricknadel in Hin- und Rückreihen mit einem Seil von 80 cm stricken.

Verwendete Techniken: Lochmuster stricken

Strickschrift

	Maschenrapport (11 M)											Reihe
RM	–	–	–	–	–	–	–	–	–	–	–	RM	4.
RM	x	>	x	x	U	x	U	x	x	<	x	RM	3.

RM = Randmasche
x = rechte Masche
- = linke Masche
< = 2 M rechts überzogen zusammenstricken*
> = 2 M rechts zusammenstricken
U = Umschlag

* Hebe eine M wie zum Rechtsstricken ab, stricke die nächste M rechts, ziehe die abgehobene M über die gestrickte M

RANDMASCHEN

Jede Reihe beginnt und endet mit einer Randmasche. Die erste Masche wird in jeder Hin- und Rückreihe wie zum Linksstricken, mit dem Faden vor der Arbeit, abgehoben (nicht gestrickt), die letzte Randmasche wird rechts gestrickt.

Schriftliche Anleitung

Schlage 68 M auf deiner 5 mm Rundnadel an.

TIPP: Nimm die Nadeln doppelt, damit der Anschlag locker wird.

1. **R (HR):** 1 RM, 66 re M, 1 RM (68 M).
2. **R (RR):** 1 RM, 66 li M, 1 RM (68 M).
3. **R (HR):** 1 RM, *1 re M, 2 M re überzogen zsm, 2 re M, 1 U, 1 re M, 1 U, 2 re M, 2 M re zsm, 1 M re*, 1 RM (Angaben in Sternen 6-mal wiederholen) (68 M).
4. **R (HR):** 1 RM, 66 li M, 1 RM (68 M).

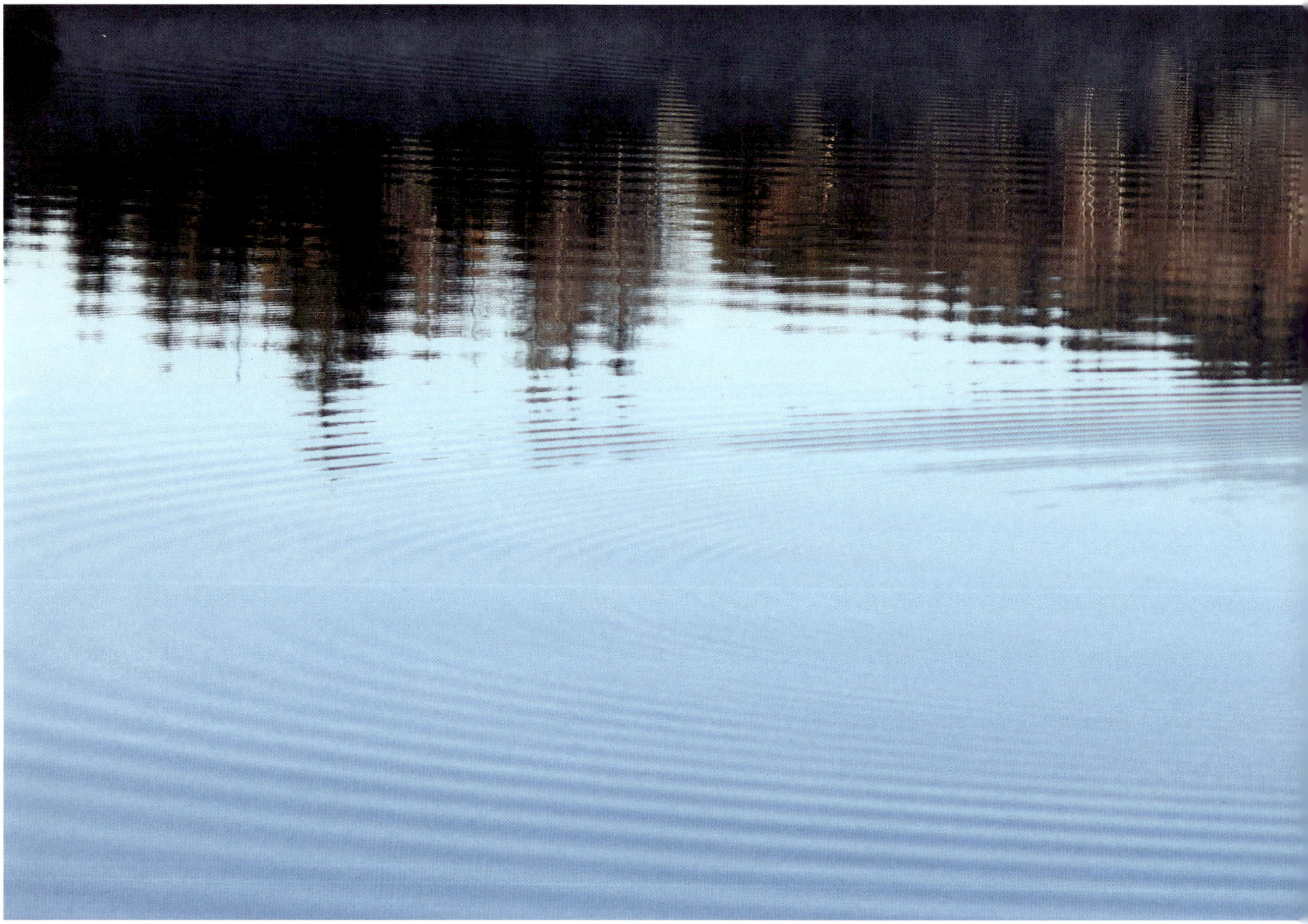

Fertigstellung

Wiederhole die Reihen 1 bis 4, bis du alle sechs Knäuel verstrickt hast. Kette alle Maschen locker ab, damit sich das Ende nicht zusammenzieht. Vernähe anschließend die Fäden.

Damit dein Strickstück seine volle Schönheit entfalten kann, rate ich dir, , das Tuch nach der Fertigstellung in ein lauwarmes, 5-minütiges Wasserbad zu legen. Lass es anschließend im Liegen trocknen. Zusätzlich kannst du es noch leicht spannen, damit sich die Maschen gleichmäßig legen.

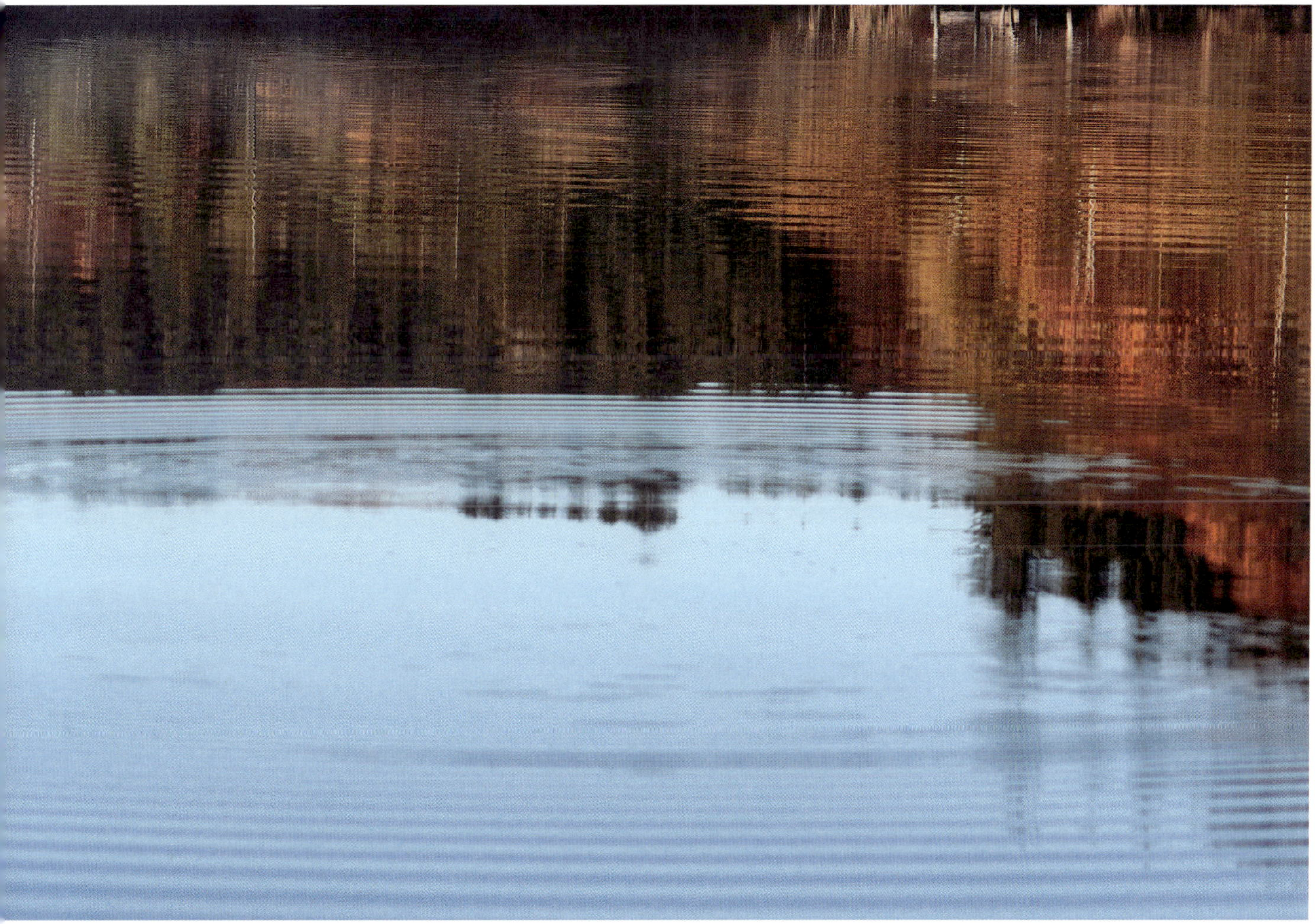

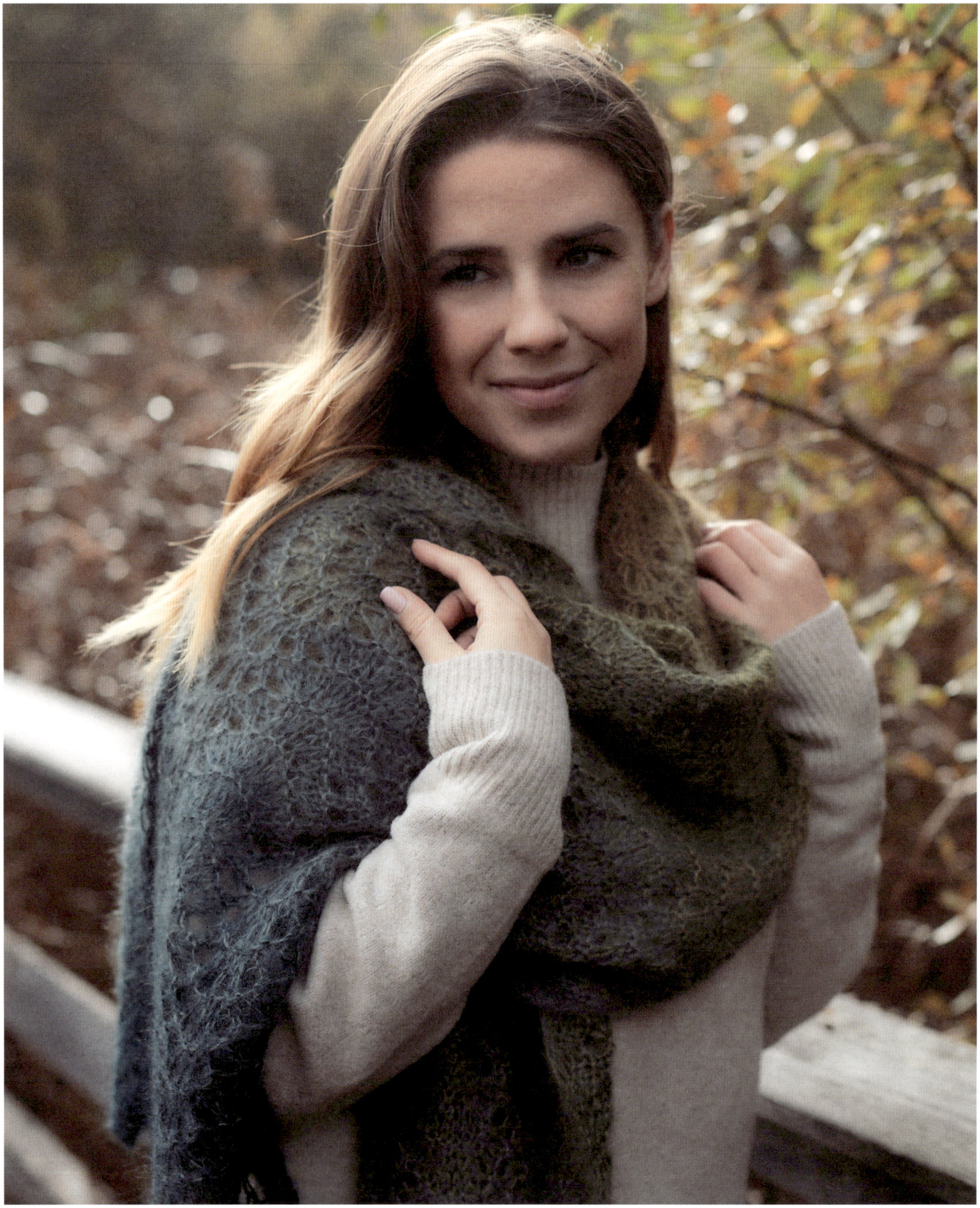

Tuch Momentum

Größe: 50 cm breit und 230 cm lang

Garn: Super Kid Mohair Loves Silk Colourlove, Rico Design (72 % Mohair, 28 % Seide), 265 m/100 g

Benötigte Menge: 2 x 100 g-Knäuel in Oliv (Fb 12)

Maschenprobe: 10 x 10 cm = 13 Maschen x 18 Reihen in glatt rechts mit NS 6 mm gestrickt

Nadeln: Stricknadeln 6 mm bzw. die Größe, mit der die richtige Maschenprobe erreicht wird. Das Tuch lässt sich am einfachsten auf einer Rundstricknadel in Hin- und Rückreihen mit einem Seil von 100 cm stricken.

Verwendete Techniken: Lochmuster stricken

Strickschrift

	Maschenrapport (17 M)																		Reihe
RM	–	–	–	–	–	–	–	–	–	–	–	–	–	–	–	–	–	RM	4.
RM	x	x	x	x	x	x	x	x	x	x	x	x	x	x	x	x	x	RM	3.
RM	x	x	x	x	x	x	x	x	x	x	x	x	x	x	x	x	x	RM	2.
RM	>	>	>	U	x	U	x	U	x	U	x	U	x	U	>	>	>	RM	1.

RM = Randmasche
x = rechte Masche
- = linke Masche
> = 2 M rechts zusammenstricken

RANDMASCHEN

Hebe die erste Masche in jeder R wie zum Linksstricken ab, stricke die letzte Masche immer rechts.

Schriftliche Anleitung

Schlage 70 M auf deiner 6 mm Rundnadel an.
Info: Angaben in *Sternen* werden bis zum Reihenende wiederholt.

1. R (HR): 1 RM, *3 x 2 M re zsm, 1 U, 1 re M, 1 U, 1 re M, 1 U, 1 re M, 1 U, 1 re M, 1 U, 1 re M, 1 U, 3 x 2 M re zsm*, 1 RM (70 M).
2. R (RR): 1 RM, 68 re M, 1 RM (70 M).
3. R (HR): 1 RM, 68 re M, 1 RM (70 M).
4. R (RR): 1 RM, 68 li M, 1 RM (70 M).

Wiederhole Reihe 1 bis 4, bis dein Tuch 229 cm lang ist.

Endreihe:
1 RM, *3 x 2 M re zsm stricken,1 U, 1 re M, 1 U, 1 re M, 1 U, 1 re M, 1 U, 1 re M, 1 U, 1 re M, 1 U, 3 x 2 M re zsm*, 1 RM (70 M).

Fertigstellung

Kette alle Maschen locker ab, damit sich das Ende nicht zusammenzieht. Vernähe anschließend die Fäden.

Damit dein Strickstück seine volle Schönheit entfalten kann, rate ich dir, das Tuch nach der Fertigstellung in ein lauwarmes, 5-minütiges Wasserbad zu legen. Lass es anschließend im Liegen trocknen. Zusätzlich kannst du es noch leicht spannen, damit sich die Maschen gleichmäßig legen.

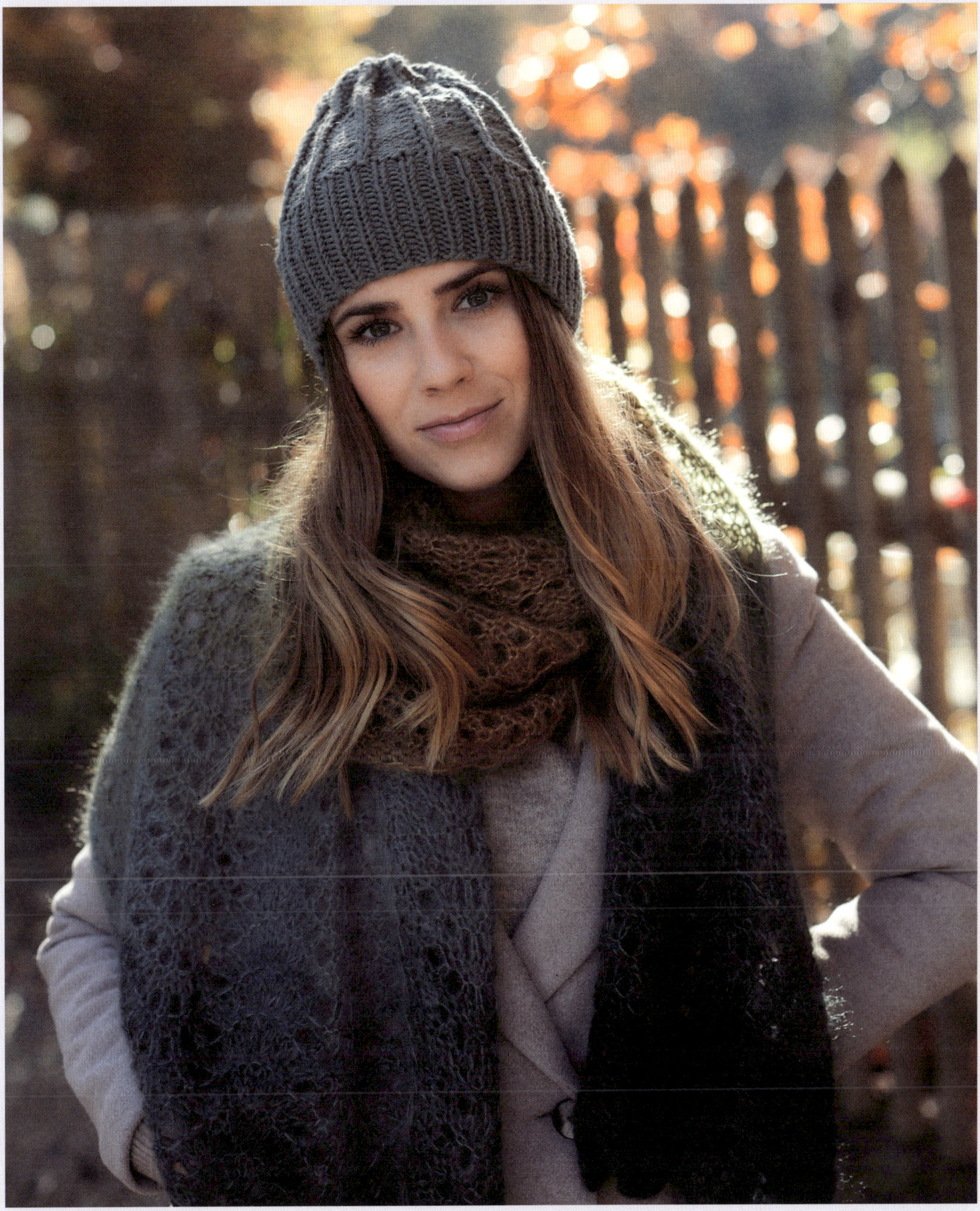

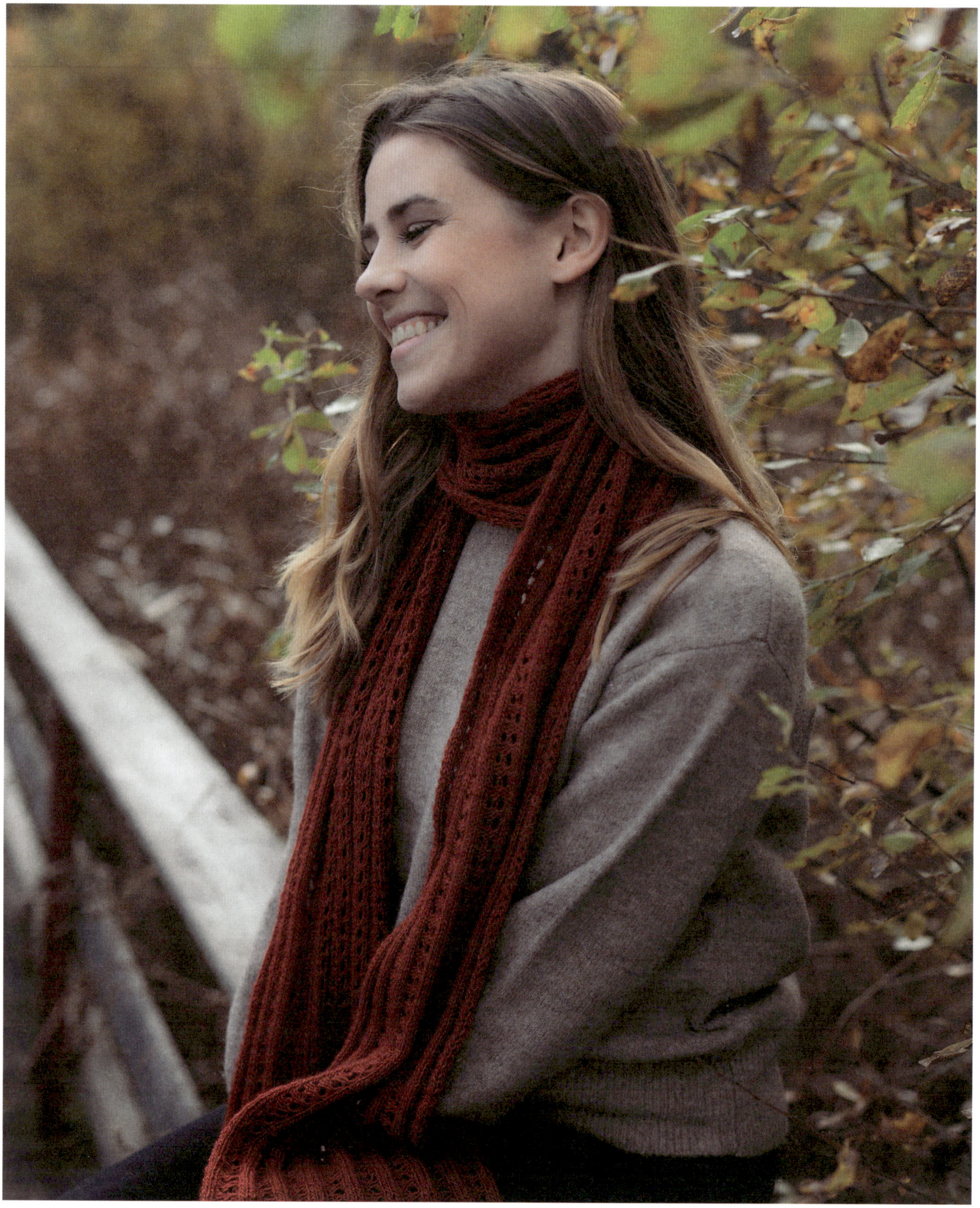

Schal Alice

Größe: 30 cm breit und 200 cm lang

Garn: Lacy, GGH Wolle (80 % Merinowolle, 20 % Seide), 150 m/25 g

Benötigte Menge: 5 x 25 g-Knäuel in Kardinalrot (Fb 11)

Maschenprobe: 10 x 10 cm = 29 Maschen x 36 Reihen in glatt rechts mit NS 3,5 mm gestrickt

Nadeln: Stricknadeln 3,5 mm bzw. die Größe, mit der die richtige Maschenprobe erreicht wird. Der Schal lässt sich am einfachsten auf einer Rundstricknadel in Hin- und Rückreihen mit einem Seil von 80 cm stricken.

Verwendete Techniken: Lochmuster stricken

Strickschrift

				Maschenrapport (8 M)									Reihe
RM	x	x	x	–	–	–	–	–	x	x	x	RM	4.
RM	–	–	–	x	x	x	x	x	–	–	–	RM	3.
RM	x	x	x	–	–	–	–	–	x	x	x	RM	2.
RM	–	–	–	<	U	x	U	>	–	–	–	RM	1.

RM = Randmasche
x = rechte Masche
- = linke Masche
U = Umschlag
> = 2 M rechts zusammenstricken
< = 2 Maschen überzogen zusammenstricken *

* Hebe eine Masche wie zum Rechtsstricken ab, stricke die nächste Masche rechts, ziehe die abgehobene Masche über die gestrickte.

RANDMASCHEN

Hebe die erste Masche in jeder Reihe wie zum Linksstricken ab, stricke die letzte Masche immer rechts.

Info: Angaben in *Sternen* werden bis zum Reihenende wiederholt.

MUSTERRAPPORT

1. R: 1 RM, *3 li M, 2 M zsm, 1 U, 1 re M, 1 U, 1 1 M re überzogen zsm * 3 li M, 1 RM.

2. und 4. R: 1 RM, *3 re M, 5 li M *, 3 re M, 1 RM.

3. R: 1 RM, *3 li M, 5 re M *, 3 li M, 1 RM.

Schriftliche Anleitung

Schlage 85 M auf deiner 3,5 mm Rundnadel an.

TIPP: Nimm die Nadeln doppelt, damit der Anschlag locker wird.

1. **R (HR):** 1 RM, *3 li M, 2 M re zsm, 1 U, 1 re M, 1 U, 1 M re überzogen zsm* (wiederhole die Angaben in Sternen 10 x), 3 li M, 1 RM (85 M).
2. **R (RR):** 1 RM, *3 re M, 5 li M* (wiederhole die Angaben in Sternen 10 x), 3 re M, 1 RM (85 M).
3. **R (HR):** 1 RM, *3 li M, 5 re M* (wiederhole die Angaben in Sternen 10 x), 3 li M, 1 RM (85 M).
4. **R (RR):** 1 RM, *3 re M, 5 li M* (wiederhole die Angaben in Sternen 10 x), 3 re M, 1 RM (85 M).

Fertigstellung

Wiederhole Reihe 1 bis 4, bis dein Tuch 200 cm lang ist.
Kette alle Maschen locker ab, damit sich das Ende nicht zusammenzieht. Vernähe anschließend die Fäden.

Damit dein Strickstück seine volle Schönheit entfalten kann, rate ich dir, , den Schal nach der Fertigstellung in ein lauwarmes, 5-minütiges Wasserbad zu legen. Lass es anschließend im Liegen trocknen. Zusätzlich kannst du es noch leicht spannen, damit sich die Maschen gleichmäßig legen.

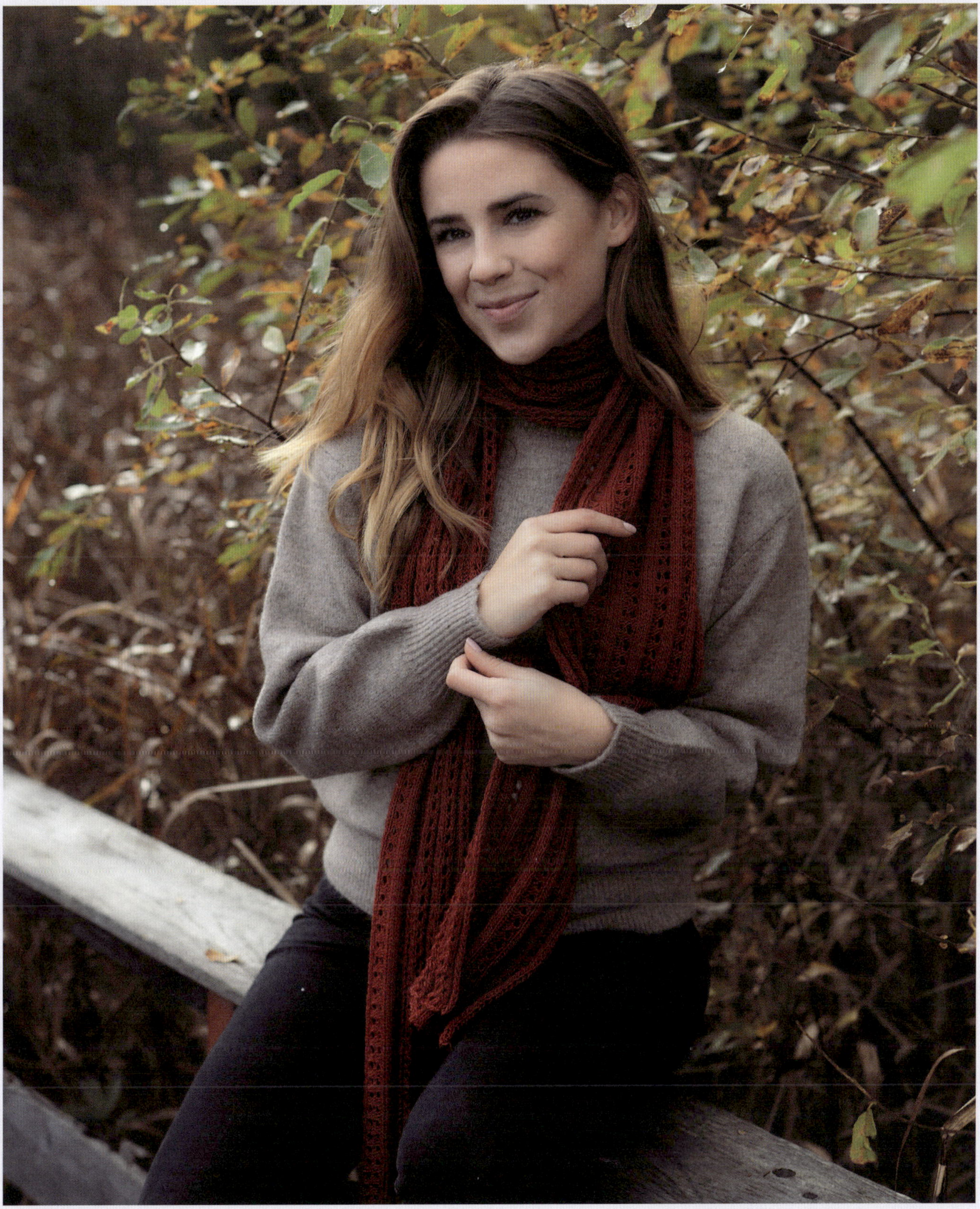

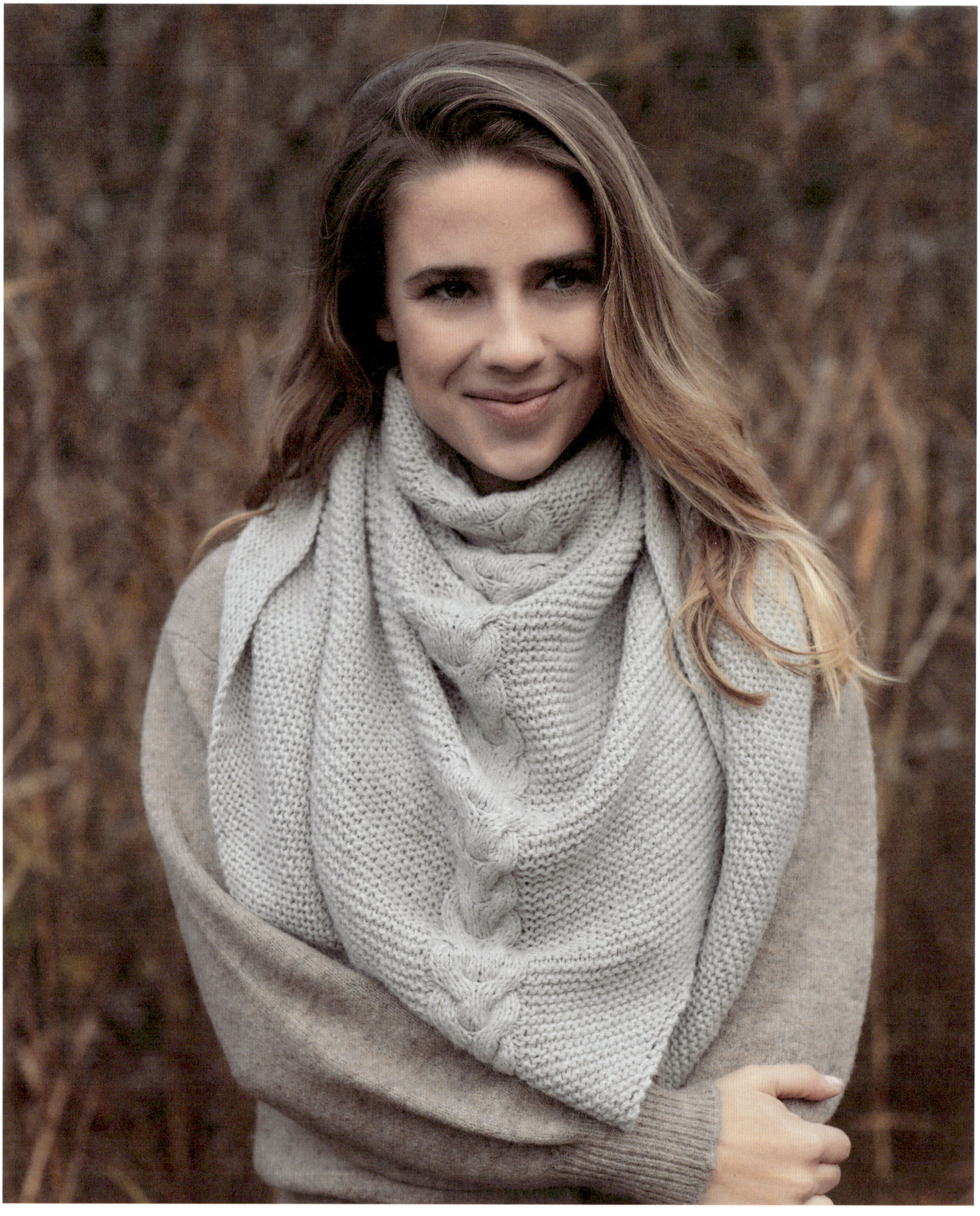

Dreieckstuch Lina

Größe: 180 cm lang und 95 cm hoch

Garn: Ecopuno von Lana Grossa (72 % Baumwolle, 17 % Merino-Schurwolle, 11 % Babyalpaka), 215 m/50 g, zweifädig

Benötigte Menge: 8 x 50 g-Knäuel in Grège (Fb 18)

Maschenprobe: 10 x 10 cm = 15 Maschen x 27 Reihen in kraus rechts zweifädig mit NS 6 mm gestrickt

Nadeln: Stricknadeln 6 mm bzw. die Größe, mit der die richtige Maschenprobe erreicht wird. Das Tuch lässt sich am einfachsten auf einer Rundstricknadel in Hin- und Rückreihen mit einem Seil von 120-150 cm stricken.

Verwendete Techniken: Lochmuster und Zopfmuster stricken

Strickschrift

Maschenrapport (14 M)															Reihe
x	–	–	–	–	–	–	–	–	–	–	–	–	–	x	8.
–	x	x	x	x	x	x	x	x	x	x	x	x	x	–	7.
x	–	–	–	–	–	–	–	–	–	–	–	–	–	x	6.
–	x	x	x	x	x	x	x	x	x	x	x	x	x	–	5.
x	–	–	–	–	–	–	–	–	–	–	–	–	–	x	4.
–	x	x	x	x	x	x	x	x	x	x	x	x	x	–	3.
x	–	–	–	–	–	–	–	–	–	–	–	–	–	x	2.
–	x	x	x	x	x	x	x	x	x	x	x	x	x	–	1.

x = rechte Masche
- = linke Masche

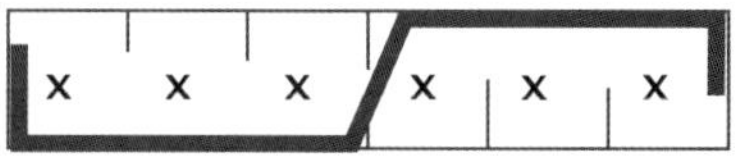

= 3 M auf einer Hilfsnadel hinter die Arbeit legen, 3 M rechts stricken, dann die 3 M von der Hilfsnadel rechts stricken.

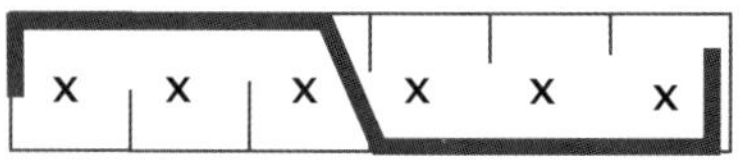

= 3 M auf einer Hilfsnadel vor die Arbeit legen, 3 M rechts stricken, dann die 3 M von der Hilfsnadel rechts stricken.

MUSTERRAPPORT

1., 5. und 7. R (HR): 1 li M, 12 re M, 1 li M.
2., 4., 6. und 8. R (RR): 1 re M, 12 li M, 1 re M.
3. R (HR): 1 li M, 3 M auf einer Hilfsnadel hinter die Arbeit legen, 3 re M, dann die 3 M von der Hilfsnadel stricken, 3 M auf einer Hilfsnadel vor die Arbeit legen, 3 re M, dann die 3 M von der Hilfsnadel re stricken, 1 li M (14 M).

WICHTIGE INFOS VOR DEM STRICKEN

Das Tuch wird von unten (Spitze) nach oben (lange Seite) in Hin- und Rückreihen gestrickt.
Das Tuch wird zweifädig im Krausrechts-Muster, bis auf das Zopfmuster in der Mitte, gestrickt.
Durch die Umschläge ergeben sich die Zierlöcher an den Schenkeln des Dreiecks.

Schriftliche Anleitung

Schlage **zweifädig** 16 M auf deiner 6 mm Nadel und einem 120/150 cm Seil an..

1. **R (HR):** 1 re M, 1 U, 1 li M, 12 re M, 1 li M, 1 U, 1 re M (18 M).
2. **R (RR):** 2 re M, 1 re M, 12 li M, 1 re M, 2 re M (18 M).
3. **R (HR):** 1 re M, 1 U, 1 re M, 1 li M, 3 M auf einer Hilfsnadel hinter die Arbeit legen, 3 M re, dann die 3 M von der Hilfsnadel stricken, 3 M auf einer Hilfsnadel vor die Arbeit legen, 3 M re, dann die 3 M von der Hilfsnadel re stricken, 1 li M, 1 re M, 1 U, 1 re M (20 M).
4. **R (RR):** 3 re M, 1 re M, 12 li M, 1 re M, 3 re M (20 M).
5. **R (HR):** 1 re M, 1 U, 2 re M, 1 li M, 12 re M, 1 li M, 2 re M, 1 U, 1 re M (22 M).

6. **R (RR):** 4 re M, 1 re M, 12 li M, 1 re M, 4 re M (22 M).
7. **R (HR):** 1 re M, 1 U, 3 re M, 1 li M, 12 re M, 1 li M, 3 re M, 1 U, 1 re M (24 M).
8. **R (RR):** 5 re M, 1 re M, 12 li M, 1 re M, 5 re M (24 M).

FAHRE IN DIESEM SCHEMA FORT

Stricke die 1. M rechts, 1 U, alle M rechts, bis auf die mittleren 14 M, diese werden nach dem Musterrapport gestrickt, alle nachfolgenden M rechts, bis auf die Letzte, davor wird 1 U gestrickt und dann die letzte M rechts.

Wiederhole bei den mittleren 14 M stets die 1. – 8. R vom Musterrapport.

Fertigstellung

Stricke in diesem Schema, bis du alle 8 Knäuel verstrickt hast. Kette alle Maschen locker ab, damit sich das Ende nicht zusammenzieht. Vernähe anschließend die Fäden.

Damit dein Strickstück seine volle Schönheit entfalten kann, rate ich dir, das Tuch nach der Fertigstellung in ein lauwarmes, 5-minütiges Wasserbad zu legen. Lass es anschließend im Liegen trocknen. Zusätzlich kannst du es noch leicht spannen, damit sich die Maschen gleichmäßig legen.

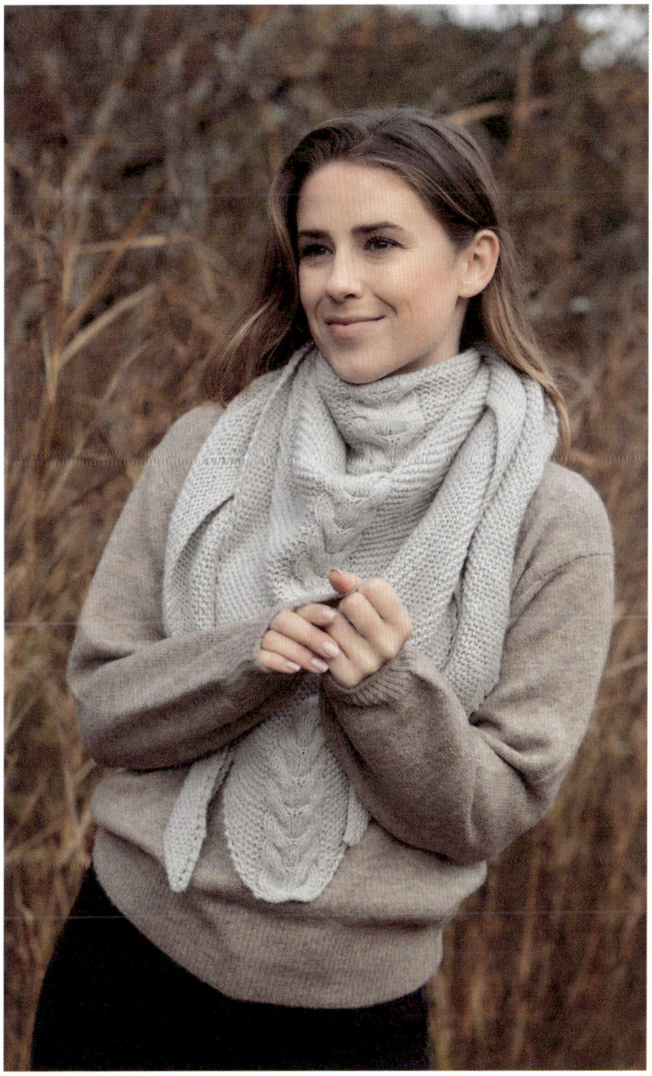

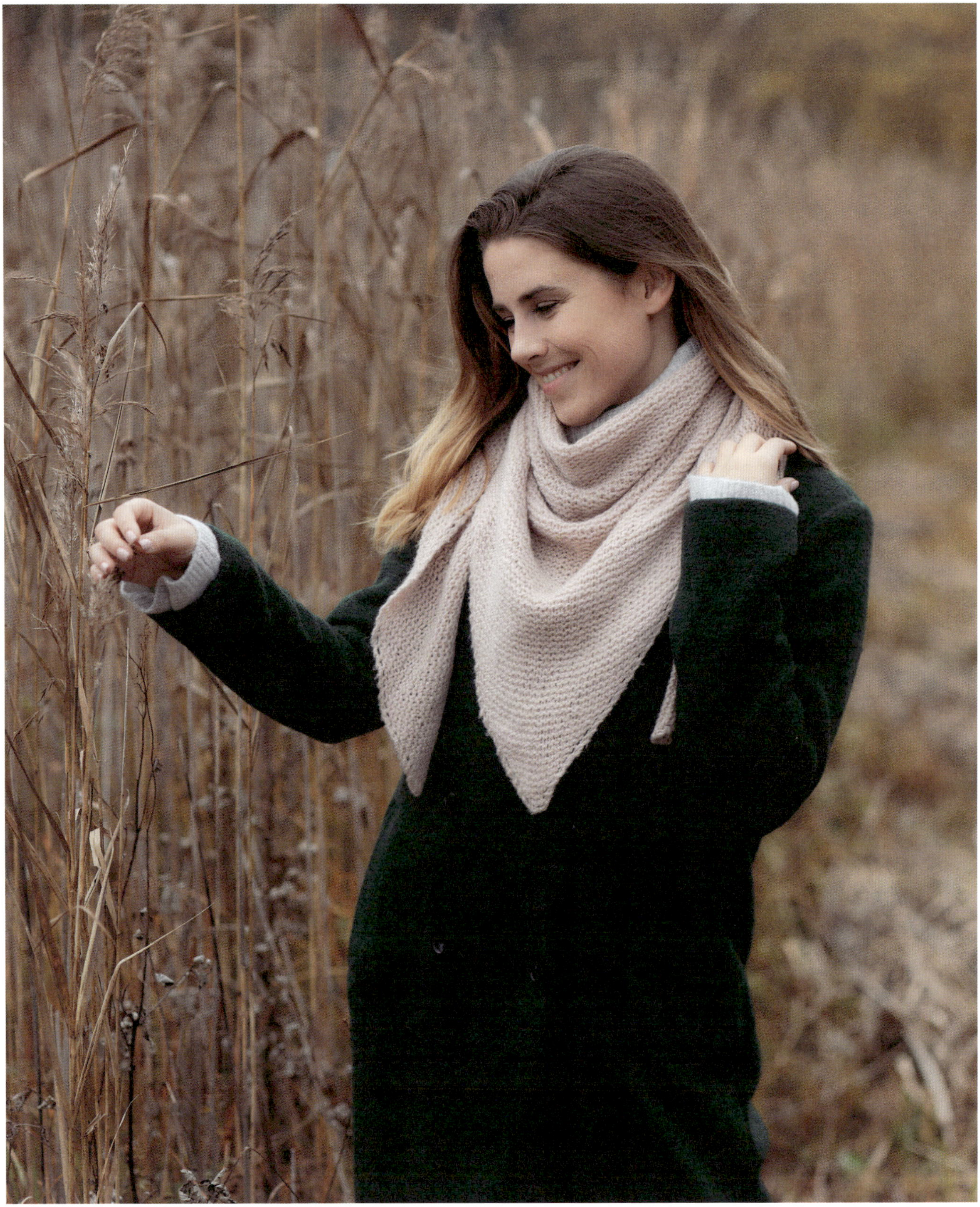

Simples Dreieckstuch

Größe: 160 cm an der breitesten Stelle und 80 cm von der Spitze bis Mitte oben

Garn: Cashmere Garzato von Lana Grossa (48 % Cashmere, 34 % Baumwolle, 8 % Schurwolle), 170 m/25 g, zweifädig;
alternative Möglichkeit: Nuvoletta (42 % Alpaka, 42 % Schurwolle, 16 % Polyamid), 250 m/50 g

Benötigte Menge: Cashmere Garzato, 3 x 25 g-Knäuel in Beige (Fb 7) und 3 x 25 g-Knäuel in Rosa (Fb 12); oder Garnalternative Nuvoletta 3 x 50 g-Knäuel in Beige (Fb 2) und 3 x 50g-Knäuel in Rosa (Fb 21)

Maschenprobe: 10 x 10 cm = 14 Maschen x 28 Reihen in kraus rechts zweifädig mit NS 5,5 mm gestrickt

Nadeln: Stricknadeln 5,5 mm bzw. die Größe, mit der die richtige Maschenprobe erreicht wird. Das Tuch lässt sich am einfachsten auf einer Rundstricknadel in Hin- und Rückreihen mit einem Seil von 120-150 cm stricken.

Verwendete Techniken: Lochmuster stricken

WICHTIGE INFOS VOR DEM STRICKEN

Das Tuch wird von unten (Spitze) nach oben (lange Seite) in Hin- und Rückreihen gestrickt.
Das Tuch wird zweifadig kraus rechts gestrickt.
Durch die Umschläge ergeben sich die Zierlöcher an den Schenkeln des Dreiecks.

Schriftliche Anleitung

Schlage zweifädig (rosa und beige gemischt) 3 M auf deiner 5,5 mm Nadel und einem 120/150 cm Seil an.

1. **R (HR):** 1 re M, 1 U, 2 re M (4 M).
2. **R (RR):** 1 re M, 1 U, 3 re M (5 M).
3. **R (HR):** 1 re M, 1 U, 4 re M (6 M).
4. **R (RR):** 1 re M, 1 U, 5 re M (7 M).
5. **R (HR):** 1 re M, 1 U, 6 re M (8 M).
6. **R (RR):** 1 re M, 1 U, 7 re M (9 M).
7. **R (HR):** 1 re M, 1 U, 8 re M (10 M).
8. **R (RR):** 1 re M, 1 U, 9 re M (11 M).

Stricke in diesem Schema weiter, bis dein Tuch an der langen Seite 160 cm lang ist.
In jeder R wird 1 re M, 1 U und die restlichen M rechts gestrickt.

Fertigstellung

Kette alle Maschen locker ab, damit sich das Ende nicht zusammenzieht. Vernähe anschließend die Fäden.

Damit dein Strickstück seine volle Schönheit entfalten kann, rate ich dir, das Tuch nach der Fertigstellung in ein lauwarmes, 5-minütiges Wasserbad zu legen. Lass es anschließend im Liegen trocknen. Zusätzlich kannst du es noch leicht spannen, damit sich die Maschen gleichmäßig legen.

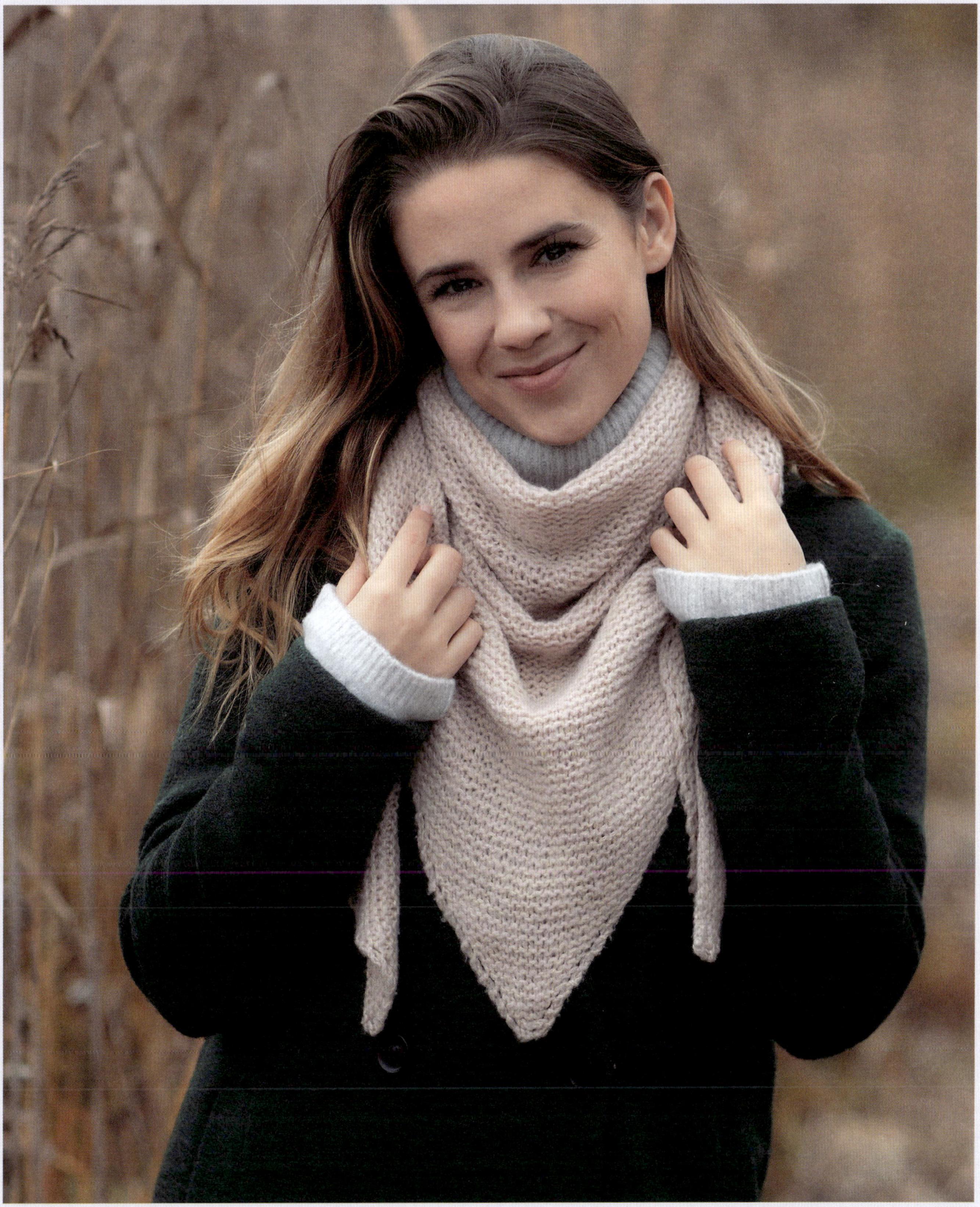

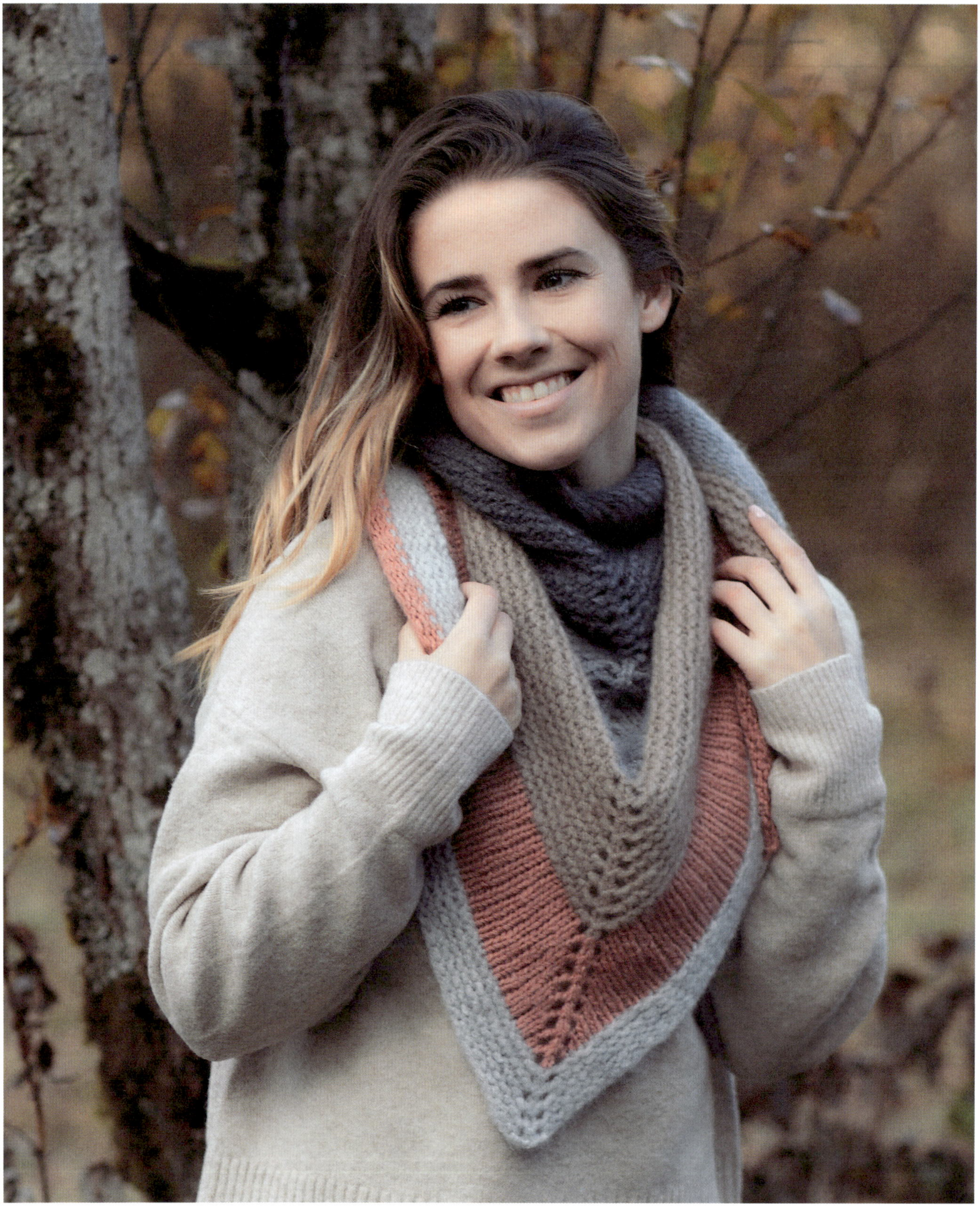

Dreieckstuch Cashmere Light

Größe: 150 cm an der breitesten Stelle und 58 cm von der Spitze bis Mitte oben

Garn: Cashmere Light von Lang Yarns (88 % Cashmere, 12 % Polyamid), 85 m/25 g

Benötigte Menge: 1 x 25 g-Knäuel in Dunkelgrau (Fb 5), 1 x 25 g-Knäuel in Mittelgrau (Fb 3), 1 x 25 g-Knäuel in Beige (Fb 39), 1 x 25 g-Knäuel in Lachsrosa (Fb 28) und 1 x 25 g-Knäuel in Hellgrau (Fb 23)

Maschenprobe: 10 x 10 cm = 9 Maschen x 14 Reihen in glatt rechts mit NS 10 mm gestrickt

Nadeln: Stricknadeln 10 mm bzw. die Größe, mit der die richtige Maschenprobe erreicht wird. Das Tuch lässt sich am einfachsten auf einer Rundstricknadel in Hin- und Rückreihen mit einem Seil von 120-150 cm stricken.

Verwendete Techniken: Lochmuster stricken

WICHTIGE INFOS VOR DEM STRICKEN

Das Tuch wird von oben (lange Seite) nach unten (Spitze) in Hin- und Rückreihen gestrickt. Die lange Seite wird mit jeder Reihe breiter.
Das Tuch wird glatt und kraus rechts gestrickt.
Durch die Umschläge ergeben sich die Zierlöcher in der Mitte des Dreiecks.

Schriftliche Anleitung

Schlage 3 M auf deiner 10 mm Nadel und einem 120/150 cm Seil in Farbe Dunkelgrau (Fb 5) an.

DER ERSTE FARBABSCHNITT WIRD KRAUS RECHTS GESTRICKT.

1. **R (HR):** 1 re M, 1 U, 1 re M, 1 U, 1 re M (5 M).
2. **R (RR):** Alle M re stricken (5 M).

3. **R (HR):** 1 re M, 1 U, 1 re M, 1 U, 1 re M, 1 U, 1 re M, 1 U, 1 re M (9 M = 4 M zugenommen).
4. **R (RR):** Alle M re stricken (9 M).
5. **R (HR):** 1 re M, 1 U, alle M re bis zu der mittleren M, 1 U, 1 re M (= mittlere Masche), 1 U, alle M re bis noch 1 M übrig ist, 1 U und die letzte M re (13 M = 4 M zugenommen).
6. **R:** Alle M re stricken (13 M).

Wiederhole Reihe 5 und 6, bis du mit Farbe Dunkelgrau insgesamt 36 Reihen gestrickt hast. Du nimmst in jeder ungeraden Reihe 4 M zu. In jeder geraden Reihe werden alle M rechts gestrickt.

FARBWECHSEL ZU FARBE MITTELGRAU (FB 3)

Der zweite Farbabschnitt wird glatt rechts gestrickt.
37. R (HR): 1 re M, 1 U, alle M re bis zur mittleren M, 1 U, 1 re M (= mittlere Masche), 1 U, re bis noch 1 M übrig ist, 1 U und 1 re M (77 M).
38. R (RR): Alle M li stricken (77 M).

Wiederhole Reihe 37 und 38, bis du mit der Farbe Mittelgrau insgesamt 24 Reihen gestrickt hast. Du nimmst in jeder ungeraden Reihe 4 M zu. In jeder geraden Reihe werden alle M links gestrickt.

FARBWECHSEL ZU FARBE BEIGE (FB 39)

Der dritte Farbabschnitt wird kraus rechts gestrickt.
Wiederhole Reihe 4 und 5 aus dem ersten Farbabschnitt, bis du mit Farbe Beige insgesamt 18 Reihen gestrickt hast.

FARBWECHSEL ZU FARBE LACHSROSA (FB 28)

Der vierte Farbabschnitt wird glatt rechts gestrickt.
Reihe 37 und 38 aus dem zweiten Farbabschnitt wiederholen, bis du mit Farbe Lachsrosa insgesamt 14 Reihen gestrickt hast.

FARBWECHSEL ZU FARBE HELLGRAU (FB 23)

Der fünfte Farbabschnitt wird kraus rechts gestrickt.
Reihe 4 und 5 aus dem ersten Farbabschnitt wiederholen, bis du mit Farbe Hellgrau insgesamt 10 Reihen gestrickt hast.

Fertigstellung

Kette alle Maschen locker ab, damit sich das Ende nicht zusammenzieht. Vernähe anschließend die Fäden.

Damit dein Strickstück seine volle Schönheit entfalten kann, rate ich dir, das Tuch nach der Fertigstellung in ein lauwarmes, 5-minütiges Wasserbad zu legen. Lass es anschließend im Liegen trocknen. Zusätzlich kannst du es noch leicht spannen, damit sich die Maschen gleichmäßig legen.

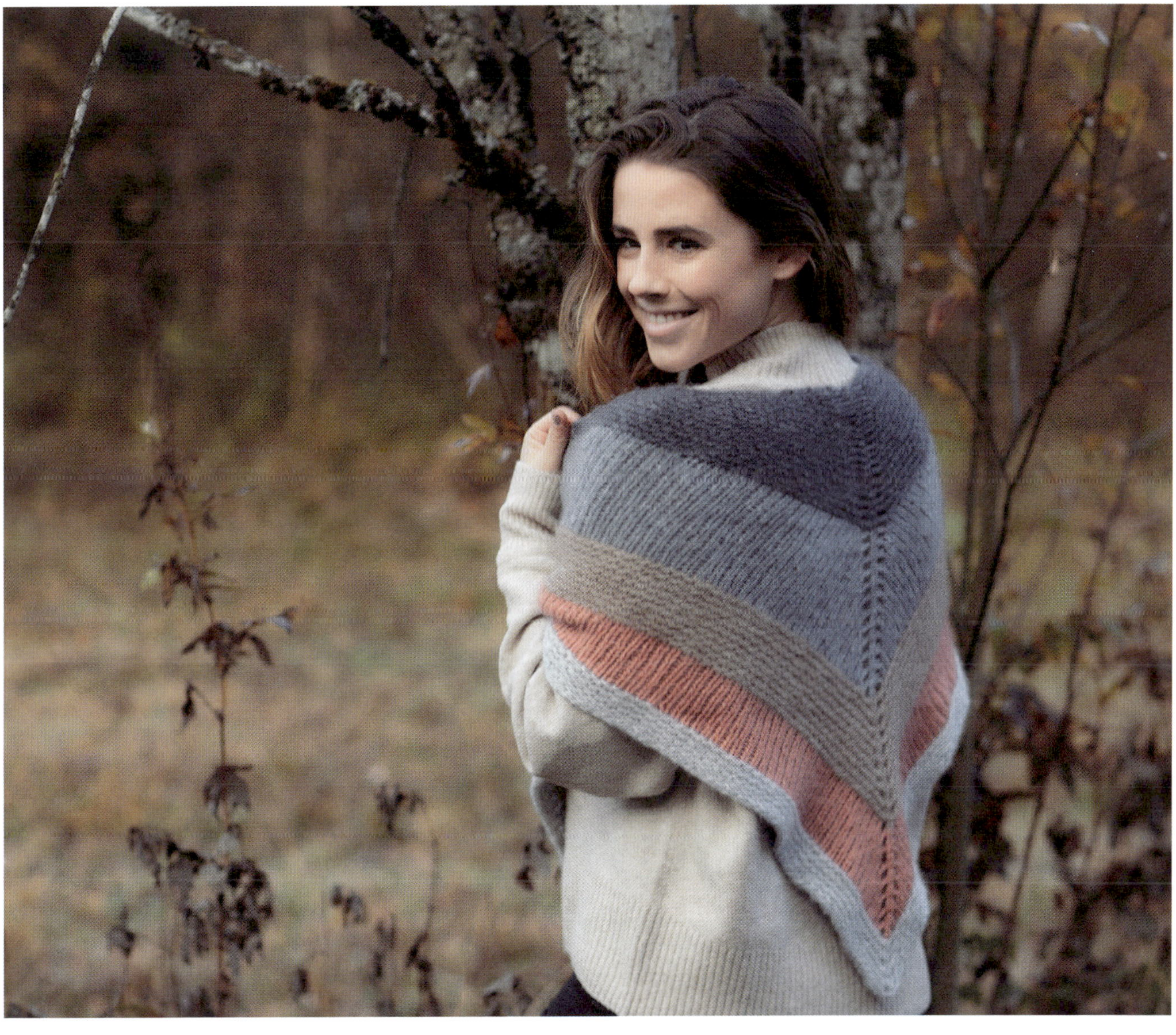

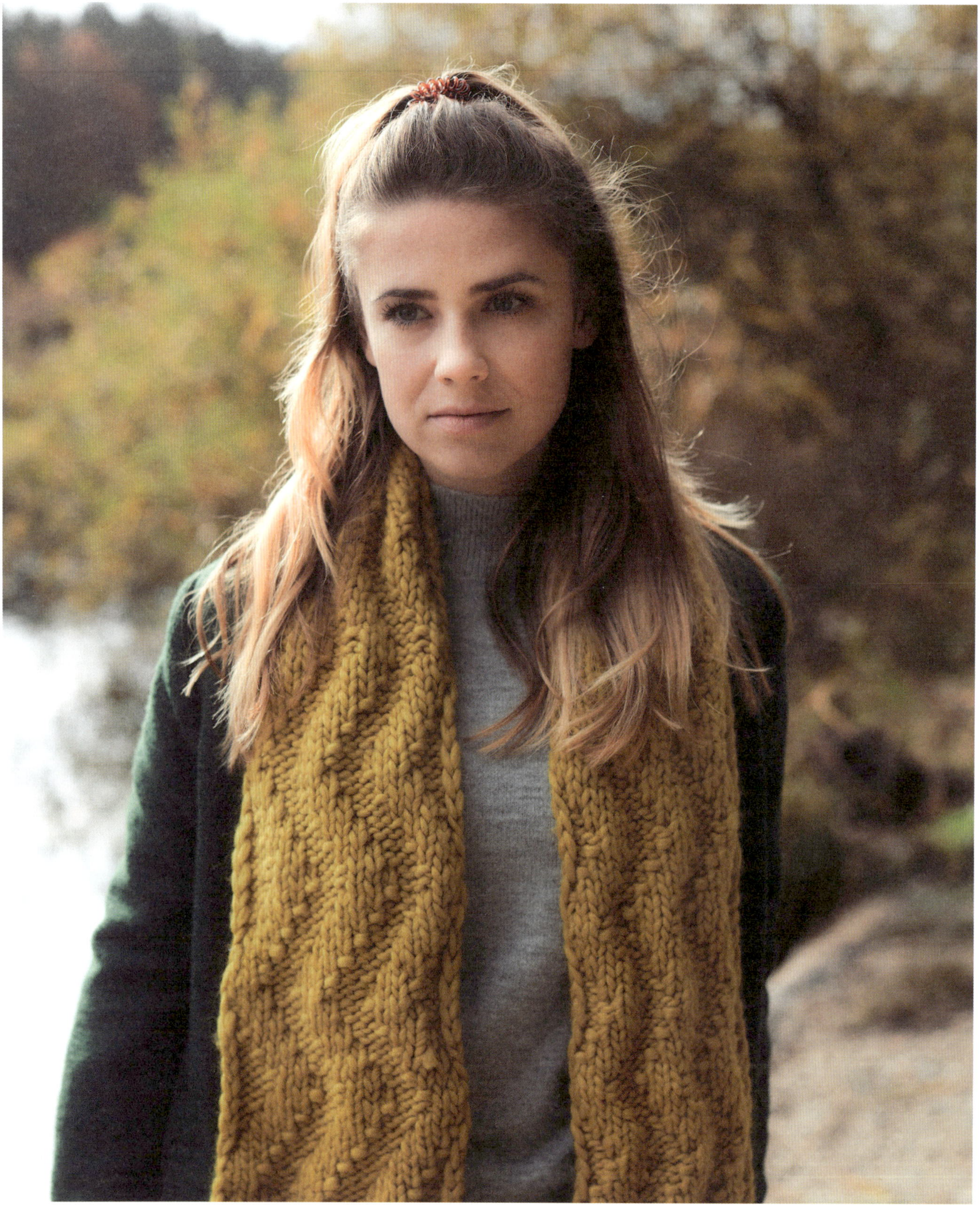

Schal Wave

Größe: 22 cm breit und 200 cm lang

Garn: Lei von Lana Grossa (100 % Merino-Schurwolle), 40 m/50 g

Benötigte Menge: 5 x 50 g-Knäuel in Safrangelb (Fb 67)

Maschenprobe: 10 x 10 cm = 12 Maschen x 13 Reihen in glatt rechts mit NS 10 mm gestrickt

Nadeln: Stricknadeln 10 mm bzw. die Größe, mit der die richtige Maschenprobe erreicht wird. Der Schal lässt sich am einfachsten auf einer Rundstricknadel in Hin- und Rückreihen mit einem Seil von 80 cm stricken.

Verwendete Techniken: rechte und linke Maschen stricken

Strickschrift

Maschenrapport Schal Wave (18 M)

																				Reihe
RM	x	x	x	–	–	–	x	x	x	–	–	–	x	x	x	–	–	–	RM	19.
RM	–	x	x	x	–	–	–	x	x	x	–	–	–	x	x	x	–	–	RM	17.
RM	–	–	x	x	x	–	–	–	x	x	x	–	–	–	x	x	x	–	RM	15.
RM	–	–	–	x	x	x	–	–	–	x	x	x	–	–	–	x	x	x	RM	13.
RM	–	–	–	–	x	x	x	–	–	–	x	x	x	–	–	–	x	x	RM	11.
RM	–	–	–	x	x	x	–	–	–	x	x	x	–	–	–	x	x	x	RM	9.
RM	–	–	x	x	x	–	–	–	x	x	x	–	–	–	x	x	x	–	RM	7.
RM	–	x	x	x	–	–	–	x	x	x	–	–	–	x	x	x	–	–	RM	5.
RM	x	x	x	–	–	–	x	x	x	–	–	–	x	x	x	–	–	–	RM	3.
RM	x	x	–	–	–	x	x	x	–	–	–	x	x	x	–	–	–	–	RM	1.

x = rechte Masche (re M)
- = linke Masche (li M)

Die Rückreihen werden gestrickt, wie sie erscheinen.

RANDMASCHEN

Hebe die erste Masche in jeder R wie zum Linksstricken ab, stricke die letzte Masche immer rechts.

Schriftliche Anleitung

Schlage 20 Maschen auf deiner 10 mm Nadel und einem 80 cm Seil an.

TIPP: Nimm die Nadeln doppelt, damit der Anschlag locker wird.

1. **R (HR):** 1 RM, 4 li M, 3 re M, 3 li M, 3 re M, 3 li M, 2 re M, 1 RM (20 M).
2. **R (RR):** 1 RM, 2 li M, 3 re M, 3 li M, 3 re M, 3 li M, 4 re M, 1 RM (20 M).
3. **R (HR):** 1 RM, 3 li M, 3 re M, 3 li M, 3 re M, 3 li M, 3 re M, 1 RM (20 M).
4. **R (RR):** 1 RM, 3 li M, 3 re M, 3 li M, 3 re M, 3 li M, 3 re M, 1 RM (20 M).
5. **R (HR):** 1 RM, 2 li M, 3 re M, 3 li M, 3 re M, 3 li M, 3 re M, 1 li M, 1 RM (20 M).
6. **R (RR):** 1 RM, 1 re M, 3 li M, 3 re M, 3 li M, 3 re M, 3 li M, 2 re M, 1 RM (20 M).
7. **R (HR):** 1 RM, 1 li M, 3 re M, 3 li M, 3 re M, 3 li M, 3 re M, 2 li M, 1 RM (20 M).
8. **R (RR):** 1 RM, 2 re M, 3 li M, 3 re M, 3 li M, 3 re M, 3 li M, 1 re M, 1 RM (20 M).
9. **R (HR):** 1 RM, 3 re M, 3 li M, 3 re M, 3 li M, 3 re M, 3 li M, 1 RM (20 M).
10. **R (RR):** 1 RM, 3 re M, 3 li M, 3 re M, 3 li M, 3 re M, 3 li M, 1 RM (20 M).
11. **R (HR):** 1 RM, 2 re M, 3 li M, 3 re M, 3 li M, 3 re M, 4 li M, 1 RM (20 M).
12. **R (RR):** 1 RM, 4 re M, 3 li M, 3 re M, 3 li M, 3 re M, 2 li M, 1 RM (20 M).
13. **R (HR):** 1 RM, 3 re M, 3 li M, 3 re M, 3 li M, 3 re M, 3 li M, 1 RM (20 M).
14. **R (RR):** 1 RM, 3 re M, 3 li M, 3 re M, 3 li M, 3 re M, 3 li M, 1 RM (20 M).
15. **R (HR):** 1 RM, 1 li M, 3 re M, 3 li M, 3 re M, 3 li M, 3 re M, 2 li M, 1 RM (20 M).
16. **R (RR):** 1 RM, 2 re M, 3 li M, 3 re M, 3 li M, 3 re M, 3 li M, 1 re M, 1 RM (20 M).
17. **R (HR):** 1 RM, 2 li M, 3 re M, 3 li M, 3 re M, 3 li M, 3 re M, 1 li M, 1 RM (20 M).
18. **R (RR):** 1 RM, 1 re M, 3 li M, 3 re M, 3 li M, 3 re M, 3 li M, 2 re M, 1 RM (20 M).
19. **R (HR):** 1 RM, 3 li M, 3 re M, 3 li M, 3 re M, 3 li M, 3 re M, 1 RM (20 M).
20. **R (RR):** 1 RM, 3 li M, 3 re M, 3 li M, 3 re M, 3 li M, 3 re M, 1 RM (20 M).

Fertigstellung

Wiederhole Reihe 1 bis 20, bis du alle 5 Knäuel verstrickt hast.
Kette alle Maschen locker ab, damit sich das Ende nicht zusammenzieht. Vernähe anschließend die Fäden.
Damit dein Strickstück seine volle Schönheit entfalten kann, rate ich dir, den Schal nach der Fertigstellung in ein lauwarmes, 5-minütiges Wasserbad zu legen. Lass es anschließend im Liegen trocknen. Zusätzlich kannst du es noch leicht spannen, damit sich die Maschen gleichmäßig legen.

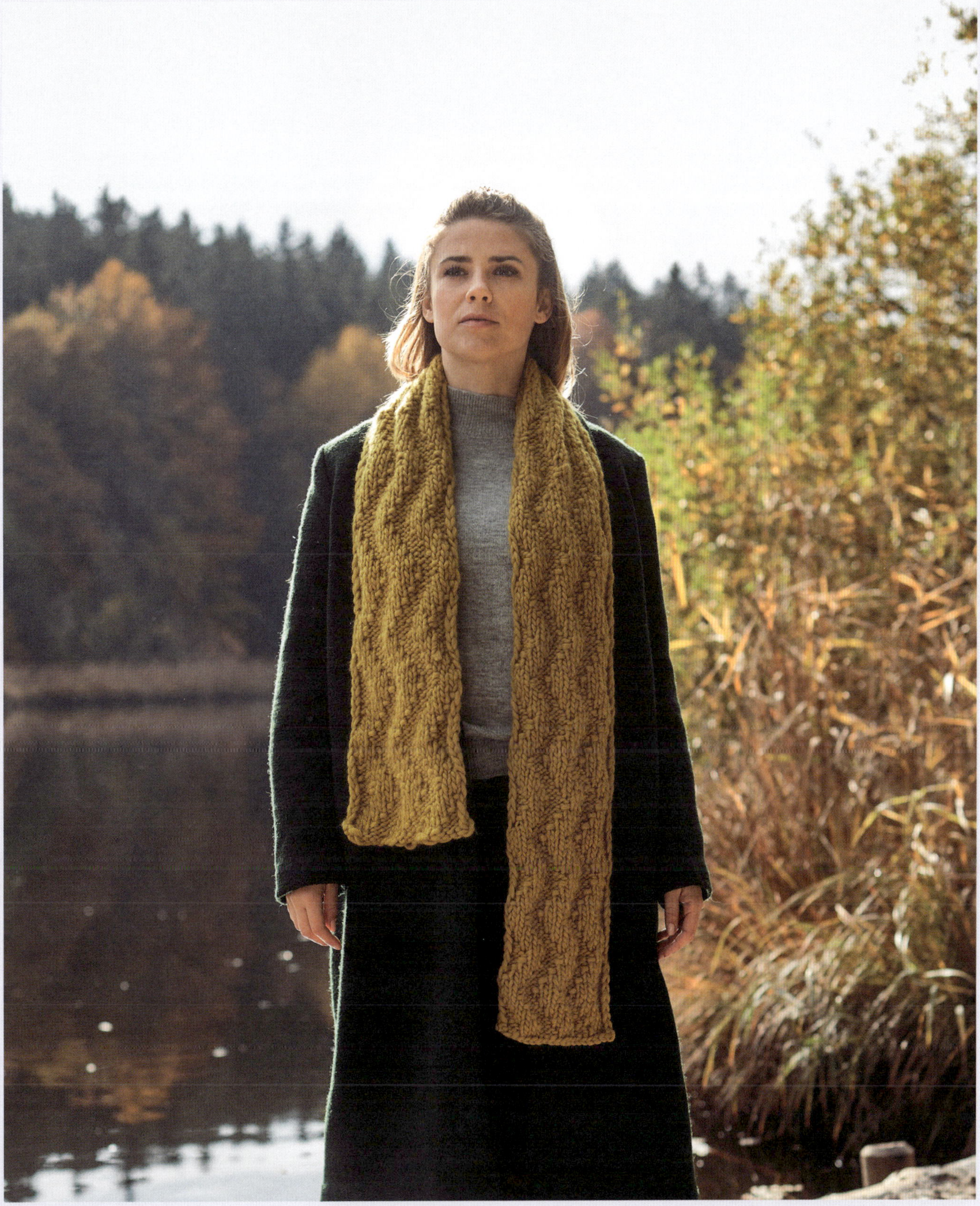

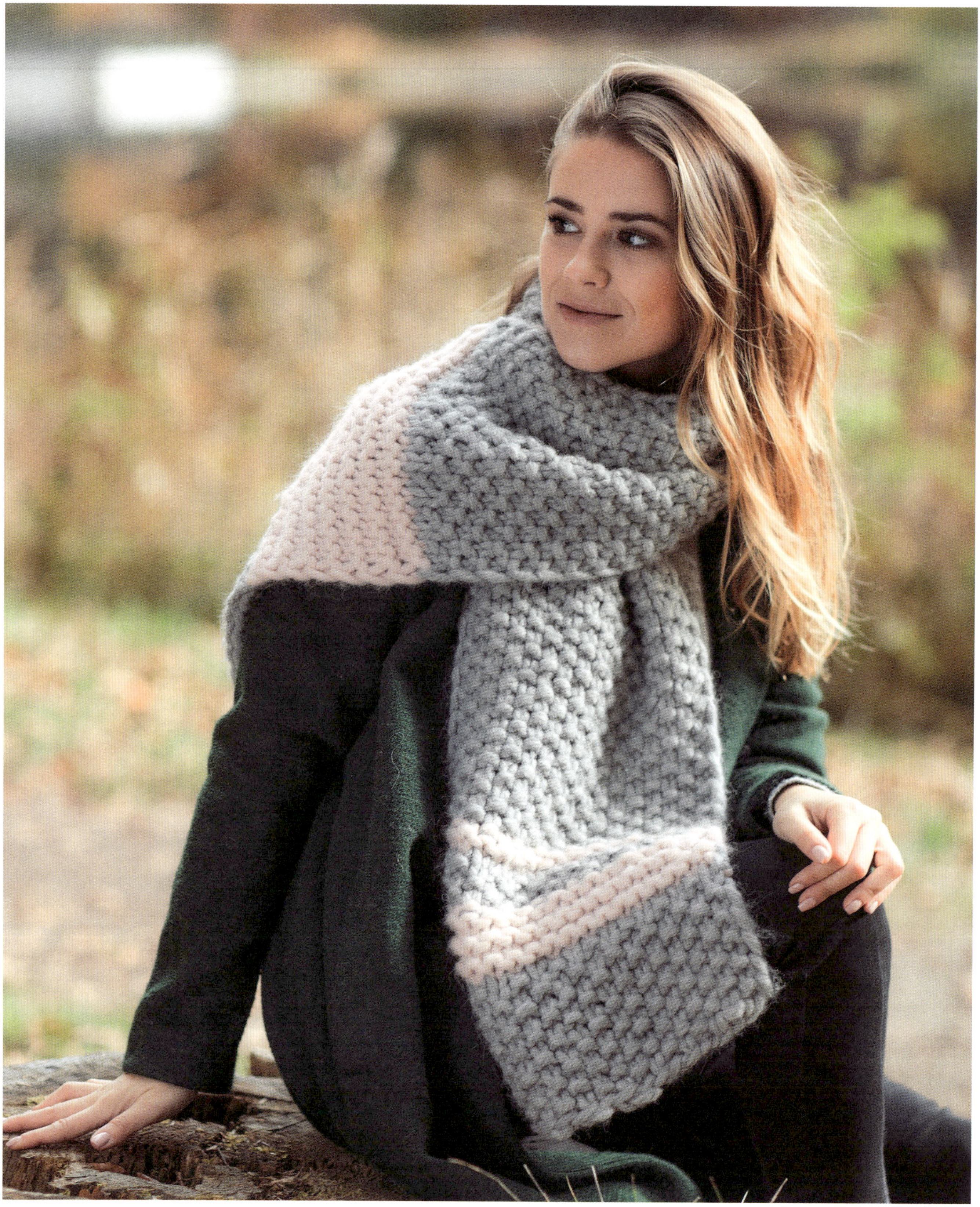

Schal Chunky

Größe: 170 cm breit und 30 cm lang

Garn: Alpaca Big von Schachenmayr (100 % Merino-Schurwolle), 50 m/100 g

Benötigte Menge: 4 x 100 g-Knäuel in Hellgrau (Fb 90) und 4 x 100 g-Knäuel in Hellrosa (Fb 35)

Maschenprobe: 10 x 10 cm = 5,5 Maschen x 10 Reihen in glatt rechts mit NS 12 mm gestrickt

Nadeln: Stricknadeln 12 mm bzw. die Größe, mit der die richtige Maschenprobe erreicht wird. Der Schal lässt sich am einfachsten auf einer Rundstricknadel in Hin- und Rückreihen mit einem Seil von 80 cm stricken.

Verwendete Techniken: rechte und linke Maschen stricken

RANDMASCHEN

Hebe die erste Masche in jeder Reihe wie zum Linksstricken ab, stricke die letzte Masche immer rechts.

WICHTIGE INFOS VOR DEM STRICKEN

Angaben in *Sternen* werden bis zum Reihenende wiederholt.
Die hellgrauen Farbabschnitte werden im kleinen Perlmuster und die hellrosa Farbabschnitte kraus rechts gestrickt.

Schriftliche Anleitung

Schlage 25 M mit der Farbe Hellgrau (Fb 90) auf deiner 12 mm Nadel und einem 80 cm Seil an.

TIPP: Nimm die Nadeln doppelt, damit der Anschlag locker wird.

1. R (HR): 1 RM, *1 re M, 1 li M*, 1 re M, 1 RM (25 M).
2. R (RR): 1 RM, *1 li M, 1 re M*, 1 li M, 1 RM (25 M).

Wiederhole die 1. und 2. Reihe, bis du insgesamt 12 Reihen gestrickt hast.

FARBWECHSEL ZU FARBE HELLROSA (FB 35)

13.-18. R: 1 RM, 23 re M, 1 RM (25 M) (Insgesamt 6 R).

FARBWECHSEL ZU FARBE HELLGRAU (FB 90)

19.-22. R: Stricke abwechselnd die 1. und 2. R (25 M) (Insgesamt 4 R).

FARBWECHSEL ZU FARBE HELLROSA (FB 35)

23.-24. R: 1 RM, 23 re M, 1 RM (25 M) (Insgesamt 2 R)

FARBWECHSEL ZU FARBE HELLGRAU (FB 90)

25.-55. R: Stricke abwechselnd die 1. und 2. R (25 M) (Insgesamt 30 R).

FARBWECHSEL ZU FARBE HELLROSA (FB 35)

56.-66. R: 1 RM, 23 re M, 1 RM (25 M) (Insgesamt 10 R).

FARBWECHSEL ZU FARBE HELLGRAU (FB 90)

67.-122. R: Stricke abwechselnd die 1. und 2. R (25 M) (Insgesamt 56 R).

FARBWECHSEL ZU FARBE HELLROSA (FB 35)

123.-136. R: 1 RM, 23 re M, 1 RM (25 M) (Insgesamt 14 R).

FARBWECHSEL ZU FARBE HELLGRAU (FB 90)

137.-158. R: Stricke abwechselnd die 1. und 2. R (25 M) (Insgesamt 20 R).

FARBWECHSEL ZU FARBE HELLROSA (FB 35)

159.-162. R: 1 RM, 23 re M, 1 RM (25 M) (Insgesamt 4 R).

FARBWECHSEL ZU FARBE HELLGRAU (FB 90)

163.-170. R: Stricke abwechselnd die 1. und 2. R (25 M) (Insgesamt 6 R)

Fertigstellung

Kette alle Maschen locker ab, damit sich das Ende nicht zusammenzieht. Vernähe anschließend die Fäden.

Damit dein Strickstück seine volle Schönheit entfalten kann, rate ich dir, den Schal nach der Fertigstellung in ein lauwarmes, 5-minütiges Wasserbad zu legen. Lass es anschließend im Liegen trocknen. Zusätzlich kannst du es noch leicht spannen, damit sich die Maschen gleichmäßig legen.

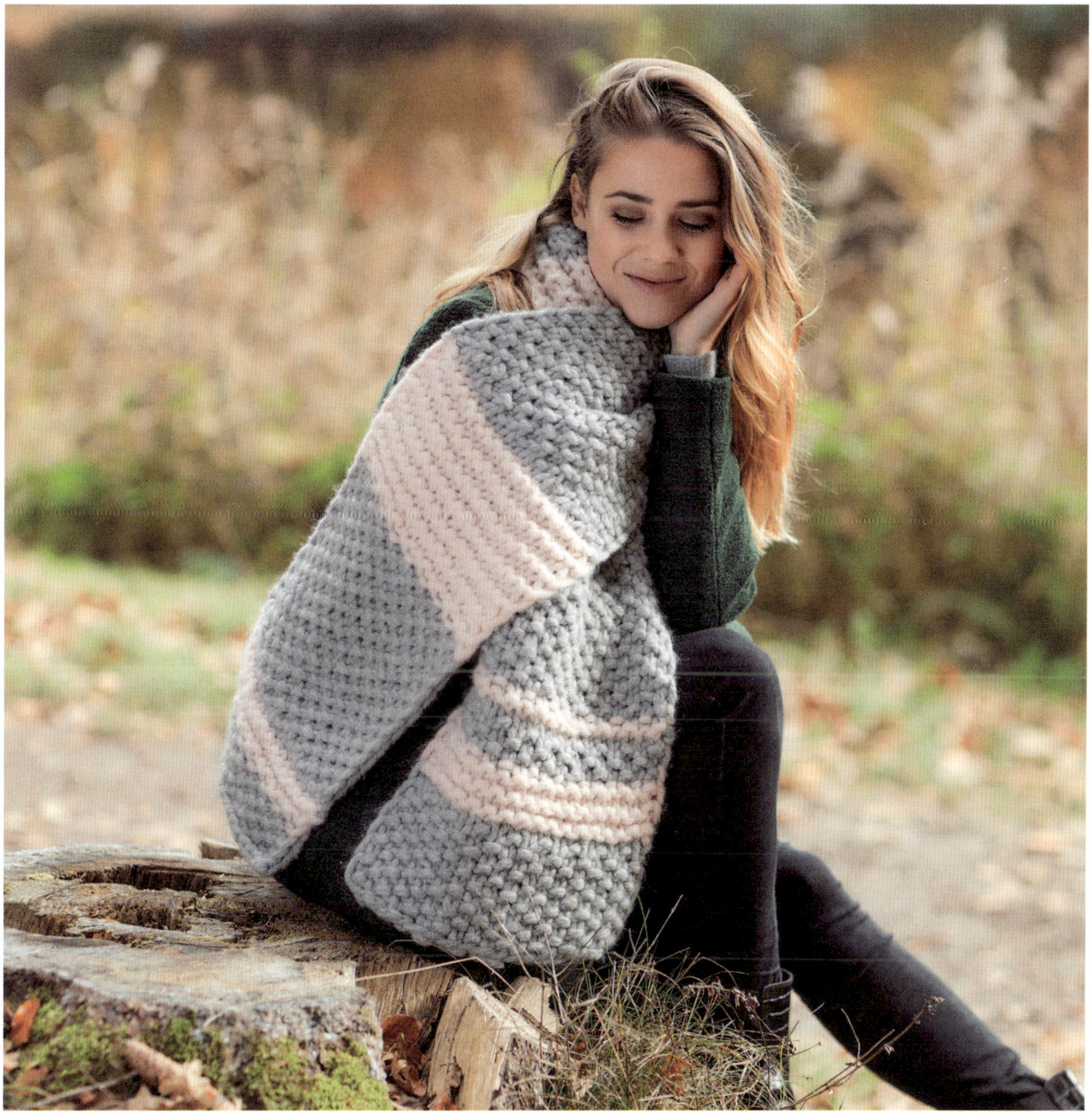

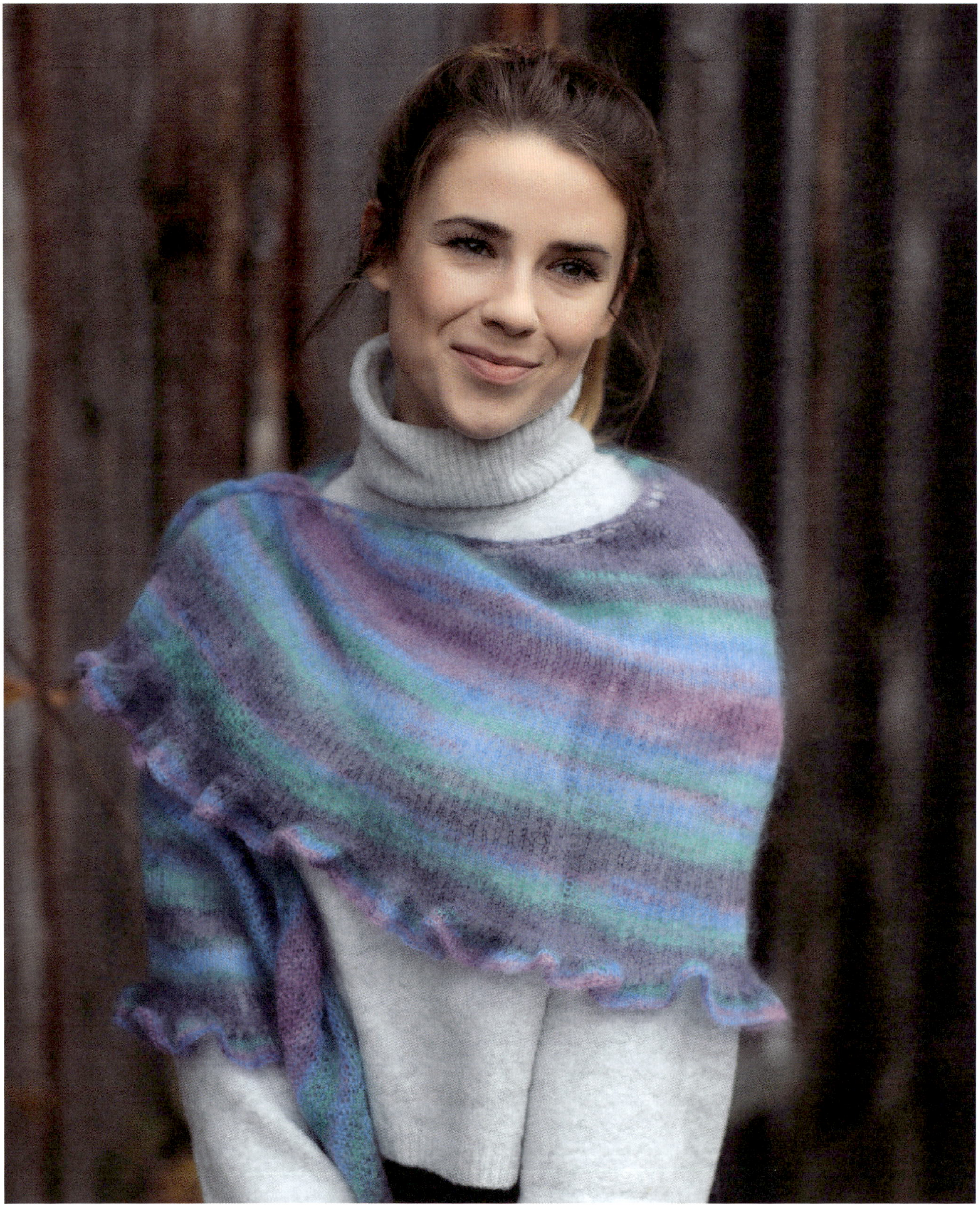

Tuch Laarnie

Größe: 180 cm breit und 50 cm lang, von der Rundung bis zur Mitte der langen Seite

Garn: Kidseda von GGH Wolle (70 % Mohair, 30 % Seide), 210 m/25 g

Benötigte Menge: 3 x 25 g-Knäuel in Blau/Lila/Grün (Fb 202)

Maschenprobe: 10 x 10 cm = 15 Maschen x 25 Reihen in glatt rechts mit NS 5 mm gestrickt

Nadeln: Stricknadeln 5 mm bzw. die Größe, mit der die richtige Maschenprobe erreicht wird. Das Tuch lässt sich am einfachsten auf einer Rundstricknadel in Hin- und Rückreihen mit einem Seil von 120/150 cm Länge stricken.

Verwendete Techniken: Lochmuster stricken, Zweifach-Zunahmen

ERKLÄRUNG ZWEIFACH-ZUNAHME

Stricke in **ein und dieselbe** Masche: 1 re M, bilde 1 U, 1 re M

Ausführliche Erklärung: Steche mit deiner rechten Nadel in die Masche auf der linken Nadel ein und stricke eine rechte Masche. Lass diese aber noch nicht von der Nadel gleiten. Bilde nun einen Umschlag um die rechte Nadel (Info. Umschläge werden immer von vorne nach hinten über die Nadel gelegt), steche erneut in die Masche auf der linken Nadel ein und stricke eine rechte Masche. Lass nun die Masche runter gleiten. **Du hast insgesamt 3 Maschen in eine Masche gearbeitet und dabei 2 Zunahmen gestrickt.**

Schriftliche Anleitung

Schlage 3 M auf deiner 5 mm Nadel und einem 120/150 cm Seil an.

TIPP: Nimm die Nadeln doppelt, damit der Anschlag locker wird.

1.-8. R: Alle M re stricken (3 M).
9. R (HR): 3 re M, 4 re M aus dem linken Rand heraus stricken (M aufnehmen), 3 re M aus dem Anschlag heraus stricken (M aus der Anschlagkante aufnehmen) (10 M).
10. R (RR): 3 re M, 1 Zweifach-Zunahme, alle M re bis 4 M übrig sind, 1 Zweifach-Zunahme, 3 re M (14 M = 4 M zugenommen).
11. R (HR): 3 re M, 1 U, alle M li bis 3 M übrig sind, 1 U, 3 re M (16 M = 2 M zugenommen).
12. R (RR): 3 re M, 1 Zweifach-Zunahme in den Umschlag der Vorreihe, alle M re bis 4 M übrig sind, 1 Zweifach-Zunahme in den Umschlag der Vorreihe, 3 re M (20 = 4 M zugenommen).
13. R (HR): 3 re M, 1 U, alle M li bis 3 M übrig sind, 1 U, 3 re M (22 = 2 M zugenommen).

Wiederhole Reihe 12 und 13, bis dein Tuch an der geraden Kante circa 180 cm lang ist.
Anschließend wird die Rüschenborte gestrickt.

Rüschenborte

Zum besseren Verständnis startet die Nummerierung wieder mit eins.

1. **R (HR):** *1 re M, 1 U*, mit einer re M die Reihe beenden.
2. **R (RR):** Alle M li stricken.
3. **R (HR):** *2 M re, 1 M re verschränkt aus dem Querfaden zunehmen*, mit einer re M die Reihe beenden.
4. **R (RR):** Alle M li stricken.
5. **R (HR):** *3 M re, 1 M re verschränkt aus dem Querfaden zunehmen*, mit einer re M die Reihe beenden.
6. **R (RR):** Alle M li stricken.

Fertigstellung

Kette alle Maschen locker ab, damit sich das Ende nicht zusammenzieht. Vernähe anschließend die Fäden.

Damit dein Strickstück seine volle Schönheit entfalten kann, rate ich dir, das Tuch nach der Fertigstellung in ein lauwarmes, 5-minütiges Wasserbad zu legen. Lass es anschließend im Liegen trocknen. Zusätzlich kannst du es noch leicht spannen, damit sich die Maschen gleichmäßig legen.

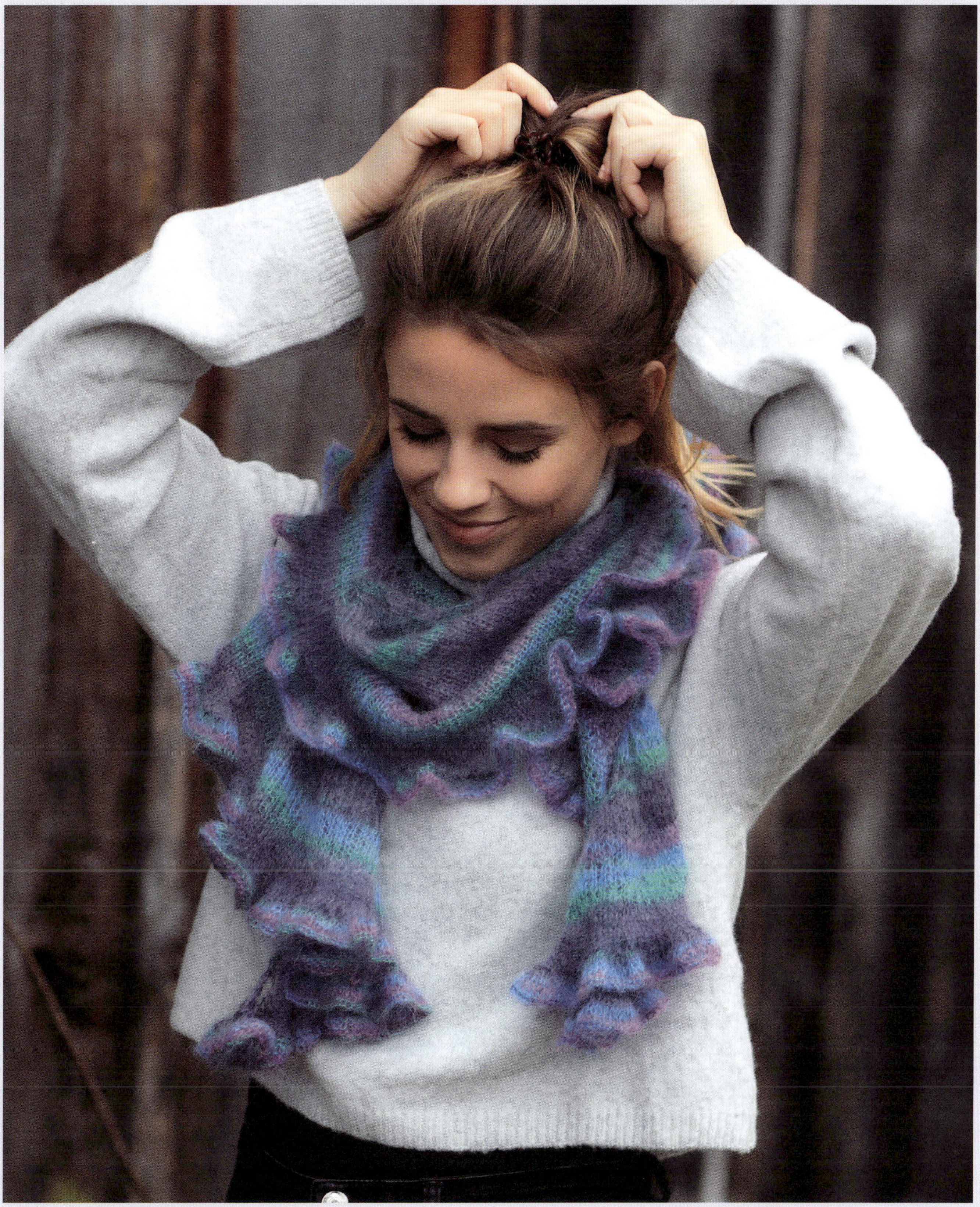

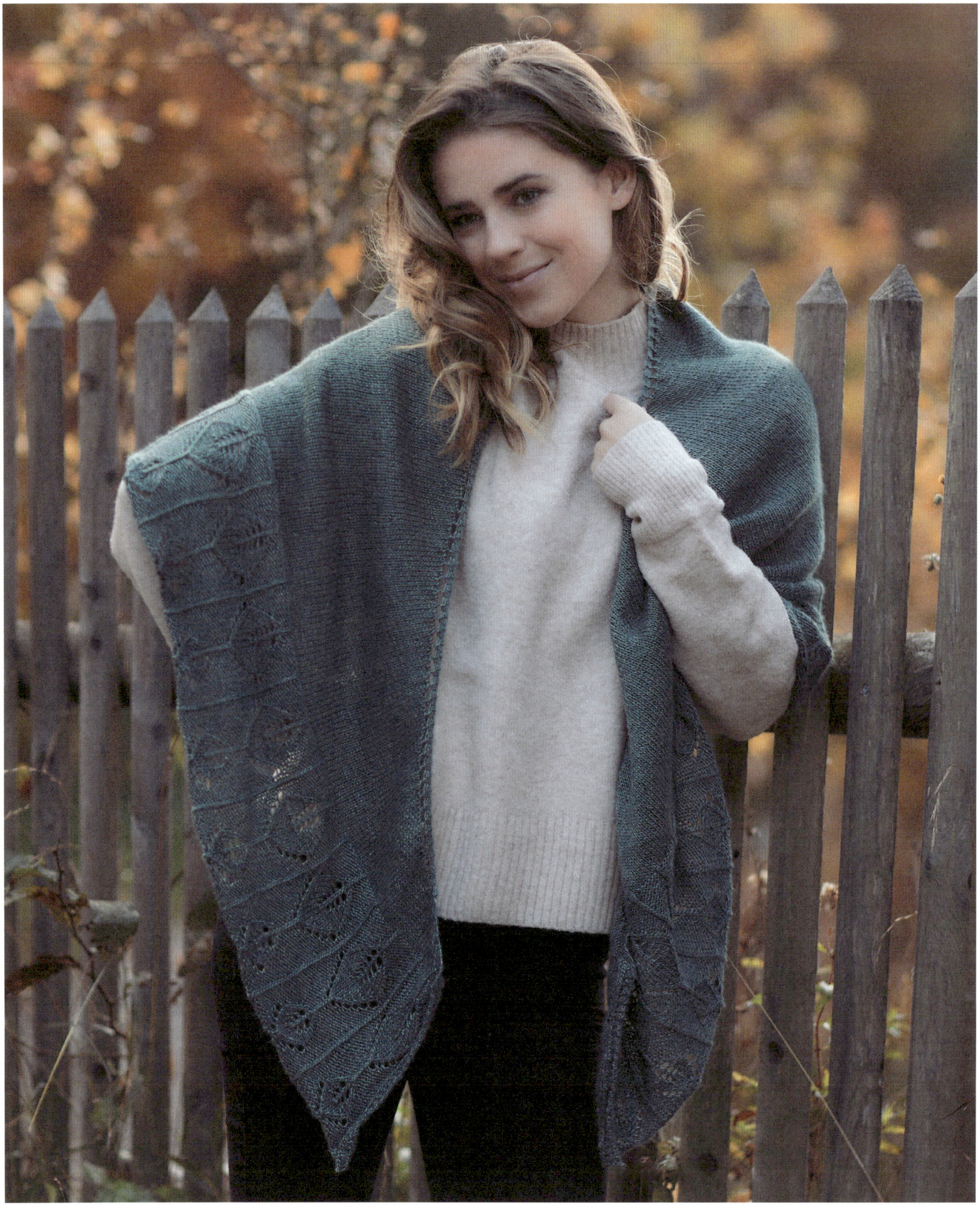

Tuch Tilli

Größe: 170 cm breit und 60 cm lang, von der Rundung bis zur Mitte der langen Seite

Garn: Lace Seta Mulberry von Lana Grossa (35 % Seide, 35 % Alpaka, 30 % Merino-Schurwolle), 175 m/50 g

Benötigte Menge: 5 x 50 g-Knäuel in Dunkelgrün (Fb 19)

Maschenprobe: 10 x 10 cm = 20 Maschen x 31 Reihen in glatt rechts mit NS 3,5 mm gestrickt

Nadeln: Stricknadeln 3,5 mm bzw. die Größe, mit der die richtige Maschenprobe erreicht wird. Das Tuch lässt sich am einfachsten auf einer Rundstricknadel in Hin- und Rückreihen mit einem Seil von 120/150 cm stricken.

Verwendete Techniken: Lochmuster, Zweifach-Zunahmen, verschränkte Maschen stricken

ERKLÄRUNG ZWEIFACH-ZUNAHME

Stricke in ein und dieselbe Masche: 1 re M, bilde 1 U, 1 re M

Ausführliche Erklärung: Steche mit deiner rechten Nadel in die Masche auf der linken Nadel ein und stricke eine rechte Masche. Lass diese aber noch nicht von der Nadel gleiten. Bilde nun einen Umschlag um die rechte Nadel (Info: Umschläge werden immer von vorne nach hinten über die Nadel gelegt), steche erneut in die Masche auf der linken Nadel ein und stricke eine rechte Masche. Lass nun die Masche runter gleiten.
Du hast insgesamt 3 Maschen in eine Masche gearbeitet und dabei 2 Zunahmen gestrickt.

Strickschrift

	Maschenrapport (16 M)															Reihe
L	x	x	x	x	x	x	x	L	x	x	x	x	x	x	x	30.
R	—	—	—	—	—	—	U	T	U	—	—	—	—	—	—	29.
L	x	x	x	x	x	x	—	—	—	x	x	x	x	x	x	28.
R	—	—	—	—	—	U	>	x	<	U	—	—	—	—	—	27.
L	x	x	x	x	x	—	—	—	—	—	x	x	x	x	x	26.
R	—	—	—	—	U	>	x	x	x	<	U	—	—	—	—	25.
L	x	x	x	x	—	—	—	—	—	—	—	x	x	x	x	24.
R	—	—	—	U	>	x	x	x	x	x	<	U	—	—	—	23.
L	x	x	x	—	—	—	—	—	—	—	—	—	x	x	x	22.
R	—	—	U	>	x	x	x	x	x	x	x	<	U	—	—	21.
L	x	x	—	—	—	—	—	—	—	—	—	—	—	x	x	20.
R	—	U	>	x	x	x	x	x	x	x	x	x	<	U	—	19.
L	x	—	—	—	—	—	—	—	—	—	—	—	—	—	x	18.
R	—	<	x	x	x	x	U	R	U	x	x	x	x	>	—	17.
L	x	x	—	—	—	—	—	L	—	—	—	—	—	x	x	16.
R	—	—	<	x	x	x	U	R	U	x	x	x	>	—	—	15.
L	x	x	x	—	—	—	—	L	—	—	—	—	x	x	x	14.
R	—	—	—	<	x	x	U	R	U	x	x	>	—	—	—	13.
L	x	x	x	x	—	—	—	L	—	—	—	x	x	x	x	12.
R	—	—	—	—	<	x	U	R	U	x	>	—	—	—	—	11.
L	x	x	x	x	x	—	—	L	—	—	x	x	x	x	x	10.
R	—	—	—	—	—	<	U	R	U	>	—	—	—	—	—	9.
L	x	x	x	x	x	x	—	L	—	x	x	x	x	x	x	8.
R	—	—	—	—	—	—	x	R	x	—	—	—	—	—	—	7.
L	x	x	x	x	x	x	x	L	x	x	x	x	x	x	x	6.
R	—	—	—	—	—	—	—	R	—	—	—	—	—	—	—	5.
L	x	x	x	x	x	x	x	L	x	x	x	x	x	x	x	4.
R	—	—	—	—	—	—	—	R	—	—	—	—	—	—	—	3.
L	x	x	x	x	x	x	x	L	x	x	x	x	x	x	x	2.
R	—	—	—	—	—	—	—	R	—	—	—	—	—	—	—	1.

																Reihe
L	x	x	x	x	x	x	x	x	x	x	x	x	x	x	x	52.
R	—	—	—	—	—	—	U	T	U	—	—	—	—	—	—	51.
L	x	x	x	x	x	x	—	—	—	x	x	x	x	x	x	50.
R	—	—	—	—	—	U	>	x	<	U	—	—	—	—	—	49.
L	x	x	x	x	x	—	—	—	—	—	x	x	x	x	x	48.
R	—	—	—	—	U	>	x	x	x	<	U	—	—	—	—	47.
L	x	x	x	x	—	—	—	—	—	—	—	x	x	x	x	46.
R	—	—	—	U	>	x	x	x	x	x	<	U	—	—	—	45.
L	x	x	x	—	—	—	—	—	—	—	—	—	x	x	x	44.
R	—	—	—	<	x	x	U	R	U	x	x	>	—	—	—	43.
L	x	x	x	x	—	—	—	L	—	—	—	x	x	x	x	42.
R	—	—	—	—	<	x	U	R	U	x	>	—	—	—	—	41.
L	x	x	x	x	x	—	—	L	—	—	x	x	x	x	x	40.
R	—	—	—	—	—	<	U	R	U	>	—	—	—	—	—	39.
L	x	x	x	x	x	x	—	L	—	x	x	x	x	x	x	38.
R	—	—	—	—	—	—	x	R	x	—	—	—	—	—	—	37.
L	x	x	x	x	x	x	x	L	x	x	x	x	x	x	x	36.
R	—	—	—	—	—	—	—	R	—	—	—	—	—	—	—	35.
L	x	x	x	x	x	x	x	L	x	x	x	x	x	x	x	34.
R	—	—	—	—	—	—	—	R	—	—	—	—	—	—	—	33.
L	x	x	x	x	x	x	x	L	x	x	x	x	x	x	x	32.
R	—	—	—	—	—	—	—	R	—	—	—	—	—	—	—	31.

ZEICHENERKLÄRUNG:

x = rechte M (re M)
- = linke Masche (li M)
U = Umschlag *
L = Links verschränkte Masche
R = Rechts verschränkte Masche

> = zwei Maschen rechts zusammen stricken (2 M zusm)
< = zwei Maschen überzogen zusammen stricken (2 M überzogen zsm) **
T = Drei Maschen überzogen zusammen stricken ***

* Umschläge werden immer von vorne nach hinten über die Nadel gelegt.

** Hebe eine M wie zum Rechtsstricken ab, stricke die nächste M rechts, ziehe die abgehobene M über die gestrickte M.

*** Hebe zwei M wie zum Rechtsstricken ab, stricke die nächste M rechts, ziehe die beiden abgehobenen M über die gestrickte M

Schriftliche Anleitung

Schlage 3 M auf deiner 3,5 mm Nadel und einem 120/150 cm Seil an.

TIPP: Nimm die Nadeln doppelt, damit der Anschlag locker wird.

1.-8. R: Alle M re stricken (3 M).
9. R (HR): 3 re M, 4 re M aus dem linken Rand heraus stricken (M aufnehmen), 3 re M aus dem Anschlag heraus stricken (M aus der Anschlagkante aufnehmen) (10 M).
10. R (RR): 3 re M, 1 Zweifach-Zunahme, alle M re bis 4 M übrig sind, 1 Zweifach-Zunahme, 3 re M (14 M = 4 M zugenommen).
11. R (HR): 3 re M, 1 U, alle M li bis 3 M übrig sind, 1 U, 3 re M (16 M = 2 M zugenommen).
12. R (RR): 3 re M, 1 Zweifach-Zunahme in den Umschlag der Vorreihe, alle M re bis 4 M übrig sind, 1 Zweifach-Zunahme in den Umschlag der Vorreihe, 3 re M (20 = 4 M zugenommen).
13. R (HR): 3 re M, 1 U, alle M li bis 3 M übrig sind, 1 U, 3 re M (22 = 2 M zugenommen).

Wiederhole Reihe 12 und 13, bis du 395 M auf deiner Nadel hast.

Als Nächstes werden eine Vorbereitungs- und eine Rückreihe gestrickt.

Vorbereitungsreihe (10 M zunehmen):
Stricke die Zweifach-Zunahmen, am Anfang und Ende, wie in Reihe 12 beschrieben. Zusätzlich werden über die Reihe gleichmäßig verteilt 6 M aus dem Querfaden zugenommen (405 M).

Rückreihe (2 M zunehmen):
Stricke 2 Zunahmen wie in Reihe 13 beschrieben (407 M).

Anschließend werden die Blattmuster gestrickt. Der Musterrapport wird 25-mal in jeder Reihe wiederholt. Das Muster wird ohne weitere Zunahmen am Rand gestrickt.

INFOS

› Zum besseren Verständnis startet die Nummerierung wieder mit eins.
› Angaben in *Sternen* werden bis zum Reihenende wiederholt. Der Musterrapport wird in jeder Reihe 25-mal wiederholt.
› Das Muster wird ohne weitere Zunahmen gestrickt, weshalb die Maschenanzahl am Ende jeder Reihe nicht extra aufgeführt ist (407 M).

Muster

1. **R (HR):** 3 re RM, 1 re verschränkte M, *7 li M, 1 re verschränkte M, 7 li M, 1 re verschränkte M*, 3 re RM.
2. **R (RR):** 3 re RM, 1 li verschränkte M, *7 re M, 1 li verschränkte M, 7 re M, 1 li verschränkte M*, 3 re RM.
3. **R (HR):** 3 re RM, 1 re verschränkte M, *7 li M, 1 re verschränkte M, 7 li M, 1 re verschränkte M*, 3 re RM.
4. **R (RR):** 3 re RM, 1 li verschränkte M, *7 re M, 1 li verschränkte M, 7 re M, 1 li verschränkte M*, 3 re RM.
5. **R (HR):** 3 re RM, 1 re verschränkte M, *7 li M, 1 re verschränkte M, 7 li M, 1 re verschränkte M*, 3 re RM.
6. **R (RR):** 3 re RM, 1 li verschränkte M, *7 re M, 1 li verschränkte M, 7 re M, 1 li verschränkte M*, 3 re RM.
7. **R (HR):** 3 re RM, 1 re verschränkte M, *6 li M, 1 re M, 1 re verschränkte M, 1 re M, 6 li M, 1 re verschränkte M*, 3 re RM.
8. **R (RR):** 3 re RM, 1 li verschränkte M, *6 re M, 1 li M, 1 li verschränkte M, 1 li M, 6 re M, 1 li verschränkte M*, 3 re RM.

9. **R (HR):** 3 re RM, 1 re verschränkte M, *5 li M, 2 M re zsm, 1 U, 1 re verschränkte M, 1 U, 2 M re überzogen zsm, 5 li M, 1 re verschränkte M*, 3 re RM.
10. **R (RR):** 3 re RM, 1 li verschränkte M, *5 re M, 2 li M, 1 li verschränkte M, 2 li M, 5 re M, 1 li verschränkte M*, 3 re RM.
11. **R (HR):** 3 re RM, 1 re verschränkte M, *4 li M, 2 M re zsm, 1 re M, 1 U, 1 re verschränkte M, 1 U, 1 re M, 2 M re überzogen zsm, 4 li M, 1 re verschränkte M*, 3 re RM.
12. **R (RR):** 3 re RM, 1 li verschränkte M, *4 re M, 3 li M, 1 li verschränkte M, 3 li M, 4 re M, 1 li verschränkte M*, 3 re RM.
13. **R (HR):** 3 re RM, 1 re verschränkte M, *3 li M, 2 M re zsm, 2 re M, 1 U, 1 re verschränkte M, 1 U, 2 re M, 2 M re überzogen zsm, 3 li M, 1 re verschränkte M*, 3 re RM.
14. **R (RR):** 3 re RM, 1 li verschränkte M, *3 re M, 4 li M, 1 li verschränkte M, 4 li M, 3 re M, 1 li verschränkte M*, 3 re RM.
15. **R (HR):** 3 re RM, 1 re verschränkte M, *2 li M, 2 M re zsm, 3 re M, 1 U, 1 re verschränkte M, 1 U, 3 re M, 2 M re überzogen zsm, 2 li M, 1 re verschränkte M*, 3 re RM.
16. **R (RR):** 3 re RM, 1 li verschränkte M, *2 re M, 5 li M, 1 li verschränkte M, 5 li M, 2 re M, 1 li verschränkte M*, 3 re RM.
17. **R (HR):** 3 re RM, 1 re verschränkte M, *1 li M, 2 M re zsm, 4 re M, 1 U, 1 re verschränkte M, 1 U, 4 re M, 2 M re überzogen zsm, 1 li M, 1 re verschränkte M*, 3 re RM.
18. **R (RR):** 3 re RM, 1 li verschränkte M, *1 re M, 13 li M, 1 re M, 1 li verschränkte M*, 3 re RM.
19. **R (HR):** 3 re RM, 1 re verschränkte M, *1 li M, 1 U, 2 M re überzogen zsm, 9 re M, 2 M re zsm, 1 U, 1 li M, 1 re verschränkte M*, 3 re RM.
20. **R (RR):** 3 re RM, 1 li verschränkte M, *2 re M, 11 li M, 2 re M, 1 li verschränkte M*, 3 re RM.
21. **R (HR):** 3 re RM, 1 re verschränkte M, *2 li M, 1 U, 2 M re überzogen zsm, 7 re M, 2 M re zsm, 1 U, 2 li M, 1 re verschränkte M*, 3 re RM.
22. **R (RR):** 3 re RM, 1 li verschränkte M, *3 re M, 9 li M, 3 re M, 1 li verschränkte M*, 3 re RM.
23. **R (HR):** 3 re RM, 1 re verschränkte M, *3 li M, 1 U, 2 M re überzogen zsm, 5 re M, 2 M re zsm, 1 U, 3 li M, 1 re verschränkte M*, 3 re RM.
24. **R (RR):** 3 re RM, 1 li verschränkte M, *4 re M, 7 li M, 4 re M, 1 li verschränkte M*, 3 re RM.
25. **R (HR):** 3 re RM, 1 re verschränkte M, *4 li M, 1 U, 2 M überzogen zsm, 3 re M, 2 M re zsm, 1 U, 4 li M, 1 re verschränkte M*, 3 re RM.
26. **R (RR):** 3 re RM, 1 li verschränkte M, *5 re M, 5 li M, 5 re M, 1 li verschränkte M*, 3 re RM.
27. **R (HR):** 3 re RM, 1 re verschränkte M, *5 li M, 1 U, 2 M überzogen zsm, 1 re M, 2 M re zsm, 1 U, 5 li M, 1 re verschränkte M*, 3 re RM.
28. **R (RR):** 3 re RM, 1 li verschränkte M, *6 re M, 3 li M, 6 re M, 1 li verschränkte M*, 3 re RM.
29. **R (HR):** 3 re RM, 1 re verschränkte M, *6 li M, 1 U, 3 M überzogen zsm, 1 U, 6 li M, 1 re verschränkte M*, 3 re RM.
30. **R (RR):** 3 re RM, 1 li verschränkte M, *7 re M, 1 li verschränkte M, 7 re M, 1 li verschränkte M*, 3 re RM.
31. **R (HR):** 3 re RM, 1 re verschränkte M, *7 li M, 1 re verschränkte M, 7 li M, 1 re verschränkte M*, 3 re RM.
32. **R (RR):** 3 re RM, 1 li verschränkte M, *7 re M, 1 li verschränkte M, 7 re M, 1 li verschränkte M*, 3 re RM.
33. **R (HR):** 3 re RM, 1 re verschränkte M, *7 li M, 1 re verschränkte M, 7 li M, 1 re verschränkte M*, 3 re RM.
34. **R (RR):** 3 re RM, 1 li verschränkte M, *7 re M, 1 li verschränkte M, 7 re M, 1 li verschränkte M*, 3 re RM.
35. **R (HR):** 3 re RM, 1 re verschränkte M, *7 li M, 1 re verschränkte M, 7 li M, 1 re verschränkte M*, 3 re RM.
36. **R (RR):** 3 re RM, 1 li verschränkte M, *7 re M, 1 li verschränkte M, 7 re M, 1 li verschränkte M*, 3 re RM.
37. **R (HR):** 3 re RM, 1 re verschränkte M, *6 li M,

1 re M, 1 re verschränkte M, 1 re M, 6 li M, 1 re verschränkte M*, 3 re RM.

38.R (RR): 3 re RM, 1 li verschränkte M, *6 re M, 1 li M, 1 li verschränkte M, 1 li M, 6 re M, 1 li verschränkte M*, 3 re RM.

39. R (HR): 3 re RM, 1 re verschränkte M, *5 li M, 2 M re zsm, 1 U, 1 re verschränkte M, 1 U, 2 M überzogen zsm, 5 li M, 1 re verschränkte M*, 3 re RM.

40. R (RR): 3 re RM, 1 li verschränkte M, *5 re M, 2 li M, 1 li verschränkte M, 2 li M, 5 re M, 1 li verschränkte M*, 3 re RM.

41. R (HR): 3 re RM, 1 re verschränkte M, *4 li M, 2 M re zsm, 1 re M, 1 U, 1 re verschränkte M, 1 U, 1 re M, 2 M überzogen zsm*, 3 re RM.

42. R (RR): 3 re RM, 1 li verschränkte M, *4 re M, 3 li M, 1 li verschränkte M, 3 li M, 4 re M, 1 li verschränkte M*, 3 re RM.

43. R (HR): 3 re RM, 1 re verschränkte M, *3 li M, 2 M re zsm, 2 re M, 1 U, 1 re verschränkte M, 1 U, 2 re M, 2 M überzogen zsm, 3 li M, 1 re verschränkte M*, 3 re RM.

44. R (RR): 3 re RM, 1 li verschränkte M, *3 re M, 9 li M, 3 re M, 1 li verschränkte M*, 3 re RM.

45. R (HR): 3 re RM, 1 re verschränkte M, *3 li M, 1 U, 2 M überzogen zsm, 5 re M, 2 M re zsm, 1 U, 3 li M, 1 re verschränkte M*, 3 re RM.

46. R (RR): 3 re RM, 1 li verschränkte M, *4 re M, 7 li M, 4 re M, 1 li verschränkte M*, 3 re RM.

47.R (HR): 3 re RM, 1 re verschränkte M, *4 li M, 1 U, 2 M überzogen zsm, 3 re M, 2 M re zsm, 1 U, 4 li M, 1 re verschränkte M*, 3 re RM.

48. R (RR): 3 re RM, 1 li verschränkte M, *5 re M, 5 li M, 5 re M, 1 li verschränkte M*, 3 re RM.

49. R (HR): 3 re RM, 1 re verschränkte M, *5 li M, 1 U, 2 M überzogen zsm, 1 re M, 2 M re zsm, 1 U, 5 li M, 1 re verschränkte M*, 3 re RM.

50. R (RR): 3 re RM, 1 li verschränkte M, *6 re M, 3 li M, 6 re M, 1 li verschränkte M*, 3 re RM.

51. R (HR): 3 re RM, 1 re verschränkte M, *6 li M, 1 U, 3 M überzogen zsm, 1 U, 6 li M, 1 re verschränkte M*, 3 re RM.

52. R (HR): 3 re RM, 1 li verschränkte M, *15 re M, 1 li verschränkte M*, 3 re RM.

Fertigstellung

Kette alle Maschen locker ab, damit sich das Ende nicht zusammenzieht. Vernähe anschließend die Fäden.

Damit dein Strickstück seine volle Schönheit entfalten kann, rate ich dir, das Tuch nach der Fertigstellung in ein lauwarmes, 5-minütiges Wasserbad zu legen. Lass es anschließend im Liegen trocknen. Zusätzlich kannst du es noch leicht spannen, damit sich die Maschen gleichmäßig legen.

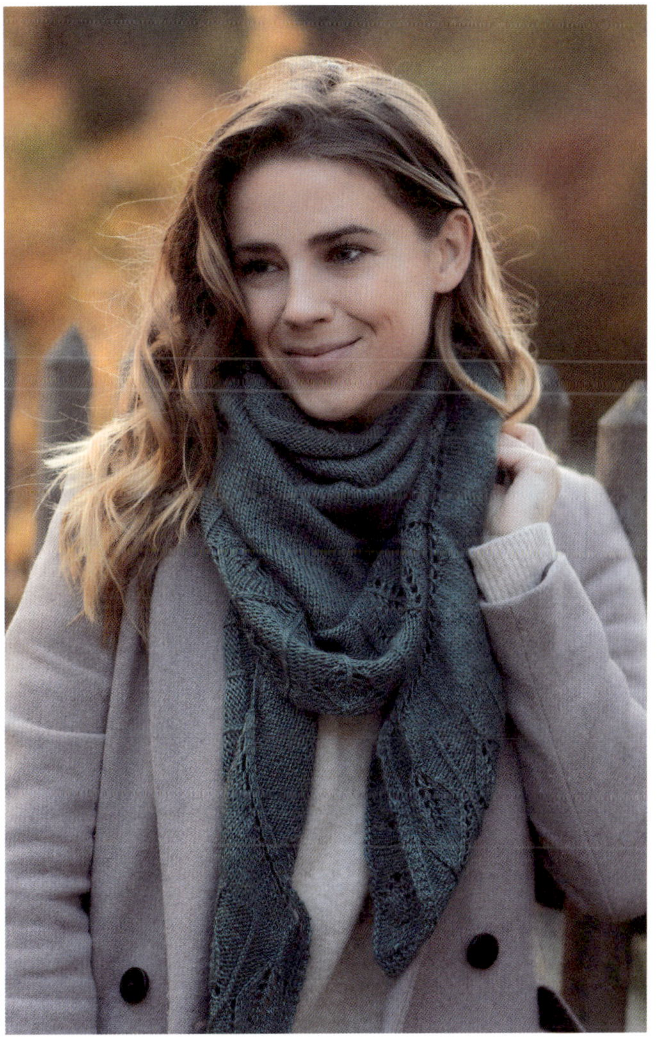

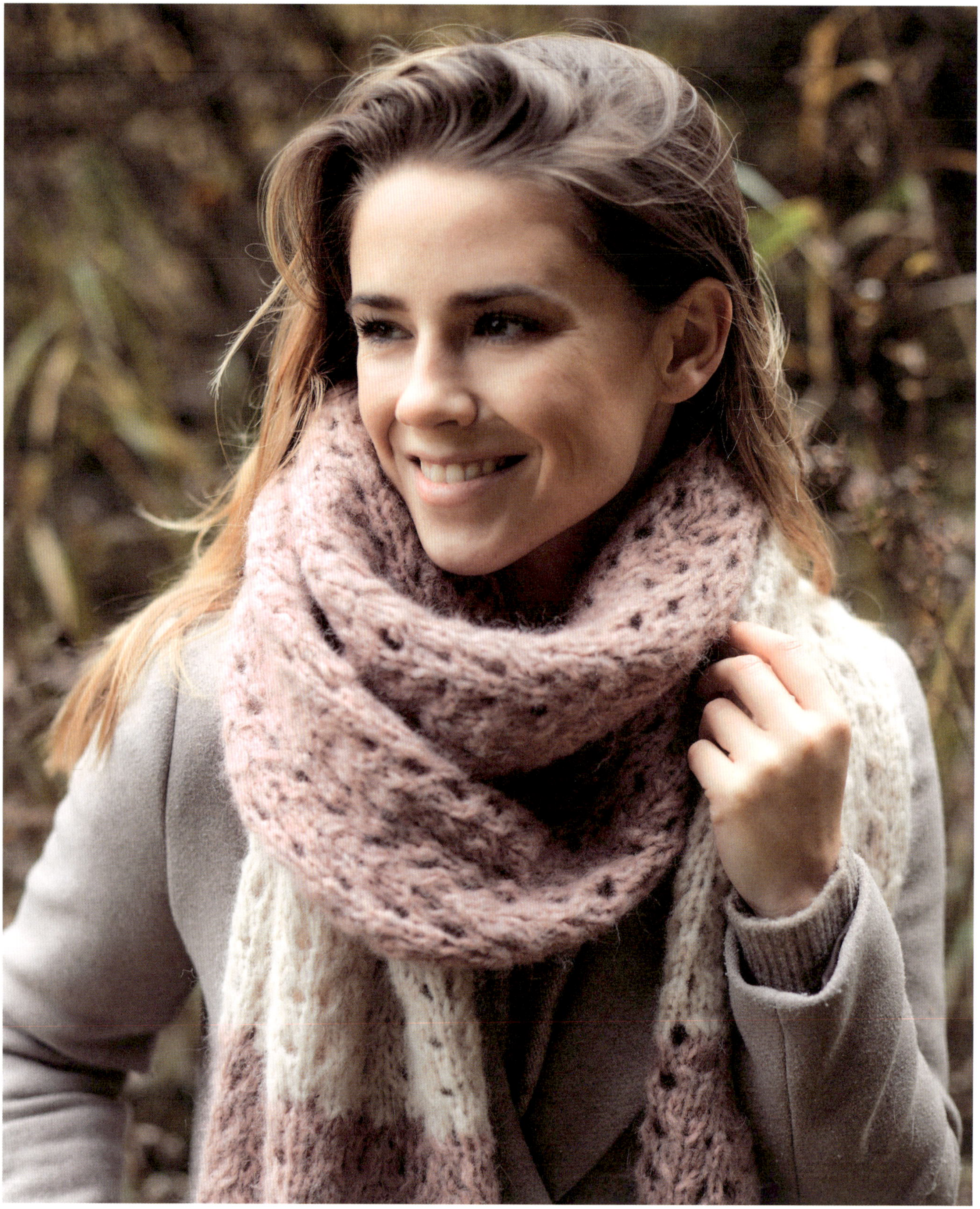

Schal Beatrice

Größe: 28 cm Umfang und 240 cm lang

Garn: Alpaca Moda von Lana Grossa (74 % Babyalpaka, 13 % Merino-Schurwolle, 13 % Polyamid), 135 m/50 g

Benötigte Menge: 2 x 50 g-Knäuel in Beige (Fb 2) und 3 x 50-g Knäuel in Altrosa (Fb 9)

Maschenprobe: 10 x 10 cm = 13 Maschen x 18 Reihen in glatt rechts mit NS 7 mm gestrickt

Nadeln: Stricknadeln 7 mm bzw. die Größe, mit der die richtige Maschenprobe erreicht wird. Der Schal lässt sich am einfachsten auf einer Rundstricknadel in Hin- und Rückreihen mit einem Seil von 80 cm stricken.

Verwendete Techniken: Lochmuster

Strickschrift

	Maschenrapport (5 M)						Reihe
RM	–	–	–	–	–	RM	4.
RM	x	x	x	x	x	RM	3.
RM	–	–	–	–	–	RM	2.
RM	<	U	x	U	>	RM	1.

RM = Randmasche
R = Reihe
x = rechte Masche
- = linke Masche
U = Umschlag
> = 2 M rechts zusammenstricken
< = 2 Maschen uberzogen zusammenstricken *

* Hebe eine Masche wie zum Rechtsstricken ab, stricke die nächste Masche rechts, ziehe die abgehobene Masche über die gestrickte.

RANDMASCHEN

Hebe die erste Masche in jeder Reihe wie zum Linksstricken ab, stricke die letzte Masche immer rechts.

INFOS ZUM FARBWECHSEL

Der erste Farbabschnitt wird mit Farbe Altrosa (Fb 9) gestrickt, jeder Farbabschnitt umfasst ein komplettes Knäuel. Wechsel anschließend zu Farbe Beige (Fb 2). Die Farben abwechseln und mit Farbe Altrosa abschließen. Achte darauf, den Rapport immer zu vollenden, bevor ein Farbwechsel erfolgt.

Schriftliche Anleitung

Schlage 50 M auf deiner 7 mm Nadel und einem 80 cm Seil an.

TIPP: Nimm die Nadeln doppelt, damit der Anschlag locker wird.

1. **R (HR):** 1 RM, 4 re M, 40 re M, 4 re M, 1 RM.
2. **R (RR):** 1 RM, 4 re M, 40 li M, 4 re M, 1 RM.
3. **R (HR):** 1 RM, 4 re M, 8 x *2 M re zusm, 1 U, 1 re M, 1 U, 2 M überzgn zusm*, 4 re M, 1 RM.
4. **R (RR):** 1 RM, 4 re M, 40 li M, 4 re M, 1 RM.
5. **R (HR):** 1 RM, 4 re M, 40 re M, 4 re M, 1 RM.
6. **R (RR):** 1 RM, 4 re M, 40 li M, 4 re M, 1 RM.

Wiederhole Reihen 3 bis 6, bis du das Muster insgesamt 105-mal wiederholt hast oder der Schal eine Länge von ungefähr 240 cm hat.

Fertigstellung

Kette alle Maschen locker ab, damit sich das Ende nicht zusammenzieht. Vernähe anschließend die Fäden.

Damit dein Strickstück seine volle Schönheit entfalten kann, rate ich dir, den Schal nach der Fertigstellung in ein lauwarmes, 5-minütiges Wasserbad zu legen. Lass es anschließend im Liegen trocknen. Zusätzlich kannst du es noch leicht spannen, damit sich die Maschen gleichmäßig legen.

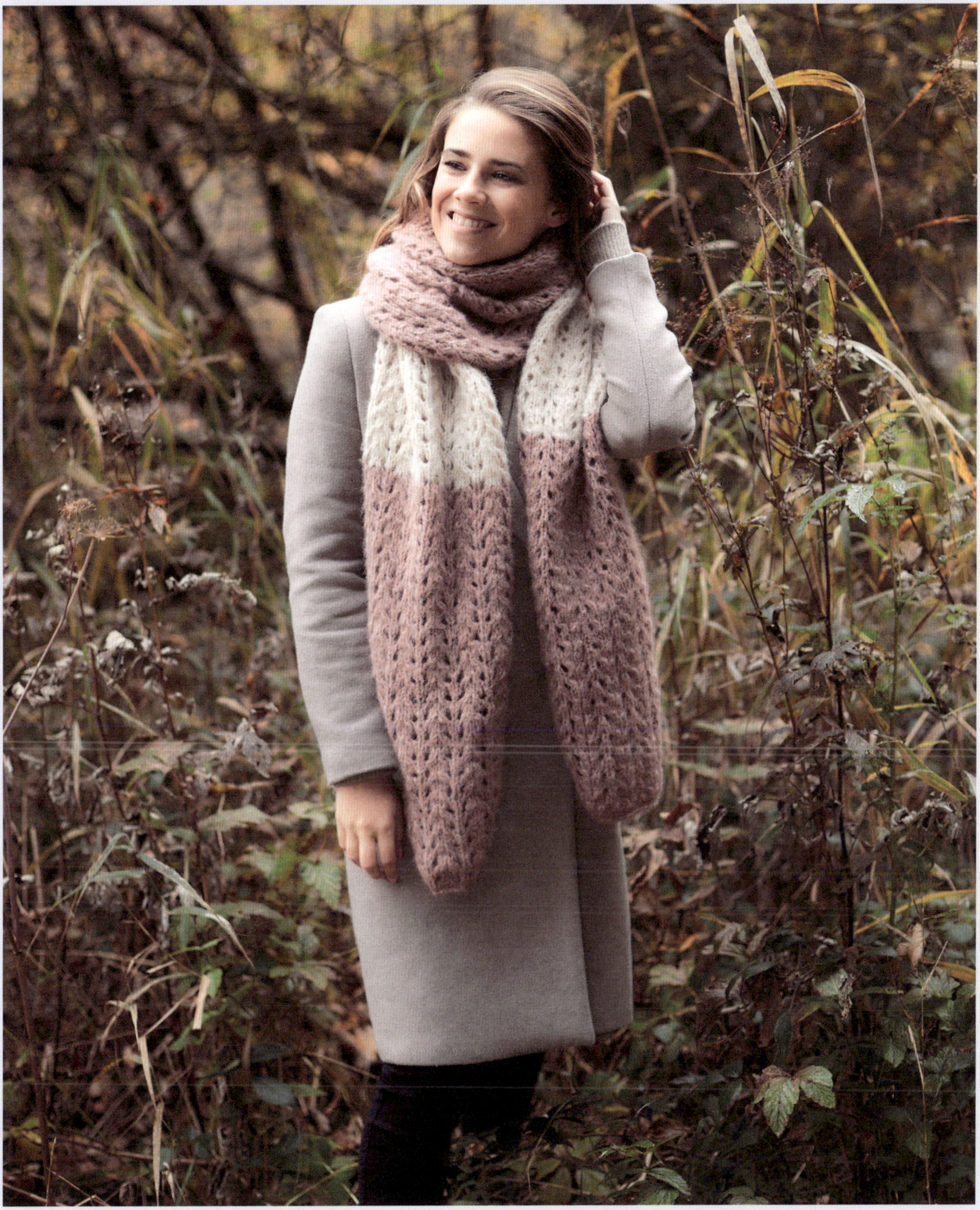

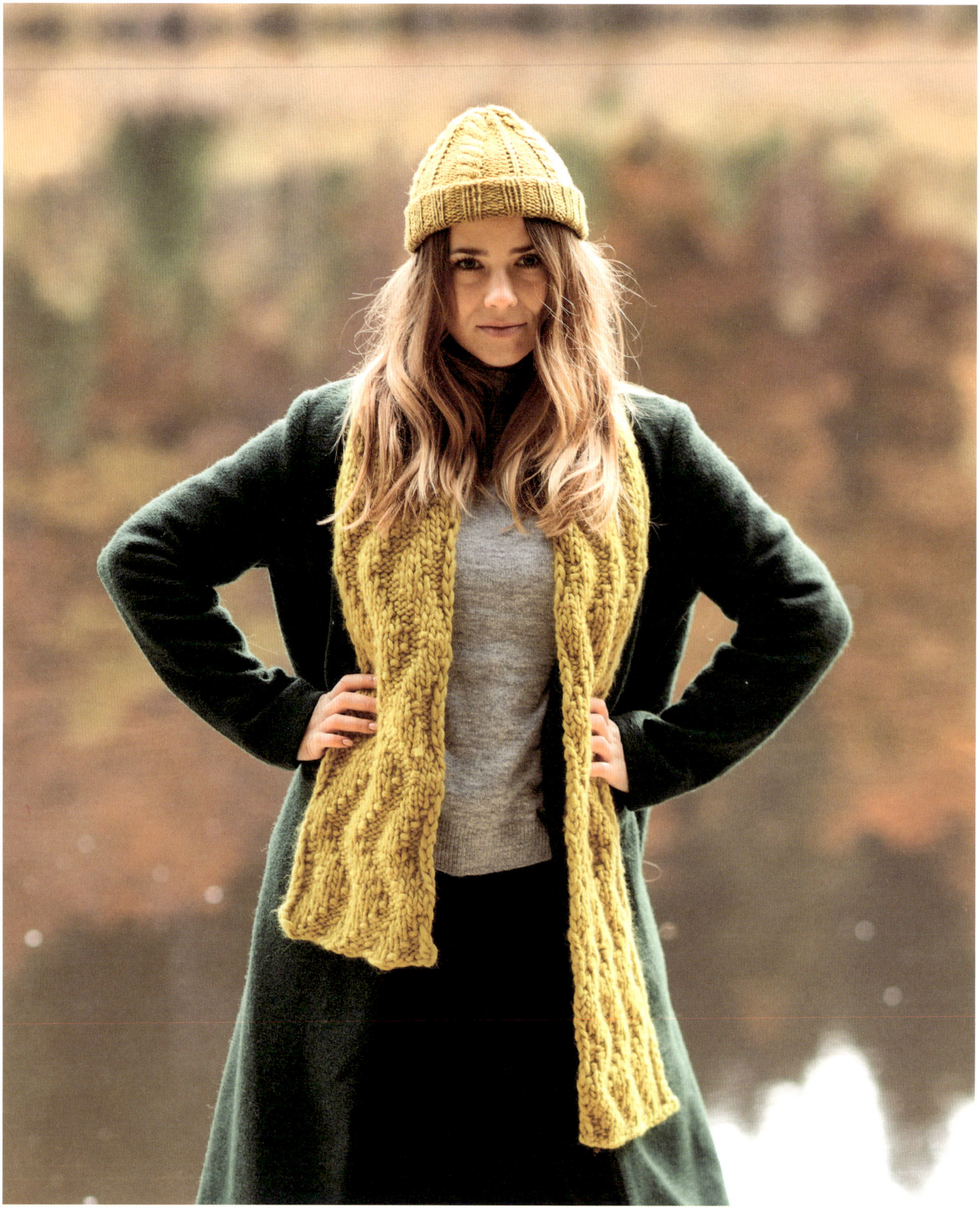

Fischermütze Zima

Größe: Kopfumfang 54-56 cm

Garn: Bingo Mélange von Lana Grossa (100 % extrafeine Merino-Schurwolle), 80 m/50 g

Benötigte Menge: 2 x 50 g-Knäuel in Ocker (Fb 308)

Maschenprobe: 10 x 10 cm = 14 Maschen x 22 Reihen in glatt rechts mit NS 5 mm gestrickt

Nadeln: Stricknadeln 5 mm bzw. die Größe, mit der die richtige Maschenprobe erreicht wird. Die Mütze lässt sich am einfachsten auf einem Nadelspiel in Runden stricken.

Verwendete Techniken: Tiefergestochene Maschen, Zopfmuster stricken

Schriftliche Anleitung

Schlage 64 M auf deinem 5 mm Nadelspiel an und schließe zur Runde.

TIPP: Nimm die Nadeln doppelt, damit der Anschlag locker wird.

Info: Angaben in *Sternen* werden bis zum Rundenende wiederholt.

1. - 32. Rd: *2 re M, 2 li M* (64 M).
33. Rd: *6 re M, 3 li M, 1 M re, 3 M li*, 1 M verschränkt aus dem Querfaden zunehmen (65 M).
34.-35. Rd: *6 re M, 3 li M, 1 M re, 3 M li* (65 M).
36. Rd: *3 M auf einer Hiltsnadel vor die Arbeit legen, 3 M re stricken, dann die 3 M von der Hilfsnadel re stricken, 3 li M, 1 tiefergestochene re M, 3 li M* (65 M).
37. Rd: *6 re M, 3 li M, 1 M re, 3 M li* (65 M).
38. Rd: *6 re M, 3 li M, 1 tiefergestochene re M, 3 M li* (65 M).
39. Rd: *6 re M, 3 li M, 1 M re, 3 M li* (65 M).

Wiederhole die Runden 36 bis 39, bis du den Mustersatz insgesamt 7-mal gestrickt hast.

TIPP: Wenn du den Mustersatz 9-mal wiederholst, wird aus der Fischermütze eine normale Mütze.

Es folgen die Abnahmerunden:
Zum besseren Verständnis startet die Nummerierung wieder mit eins.

1. **Rd:** *3 M auf einer Hilfsnadel vor die Arbeit legen, 3 M re stricken, dann die 3 M von der Hilfsnadel re stricken, die nächsten 3 M li zsm, 1 tiefergestochene re M, die nächsten 3 M li zsm* (45 M).
2. **Rd:** *6 re M, 1 li M, 1 M re, 1 M li* (45 M).
3. **Rd:** *2 re M, 2 M re zsm stricken, 2 re M, 1 li M, 1 tiefergestochene re M, 1 li M* (40 M).
4. **Rd:** *5 re M, 1 li M, 1 re M, 1 li M* (40 M).

Fertigstellung

Schneide den Faden circa 30 cm lang ab und führe ihn mit Hilfe einer Wollnadel durch alle Maschen. Lass diese von der Nadel fallen und zieh den Faden fest, bis das Loch geschlossen ist.

Damit dein Strickstück seine volle Schönheit entfalten kann, rate ich dir, die Mütze nach der Fertigstellung in ein lauwarmes, 5-minütiges Wasserbad zu legen. Lass es anschließend im Liegen trocknen. Zusätzlich kannst du es noch leicht spannen, damit sich die Maschen gleichmäßig legen.

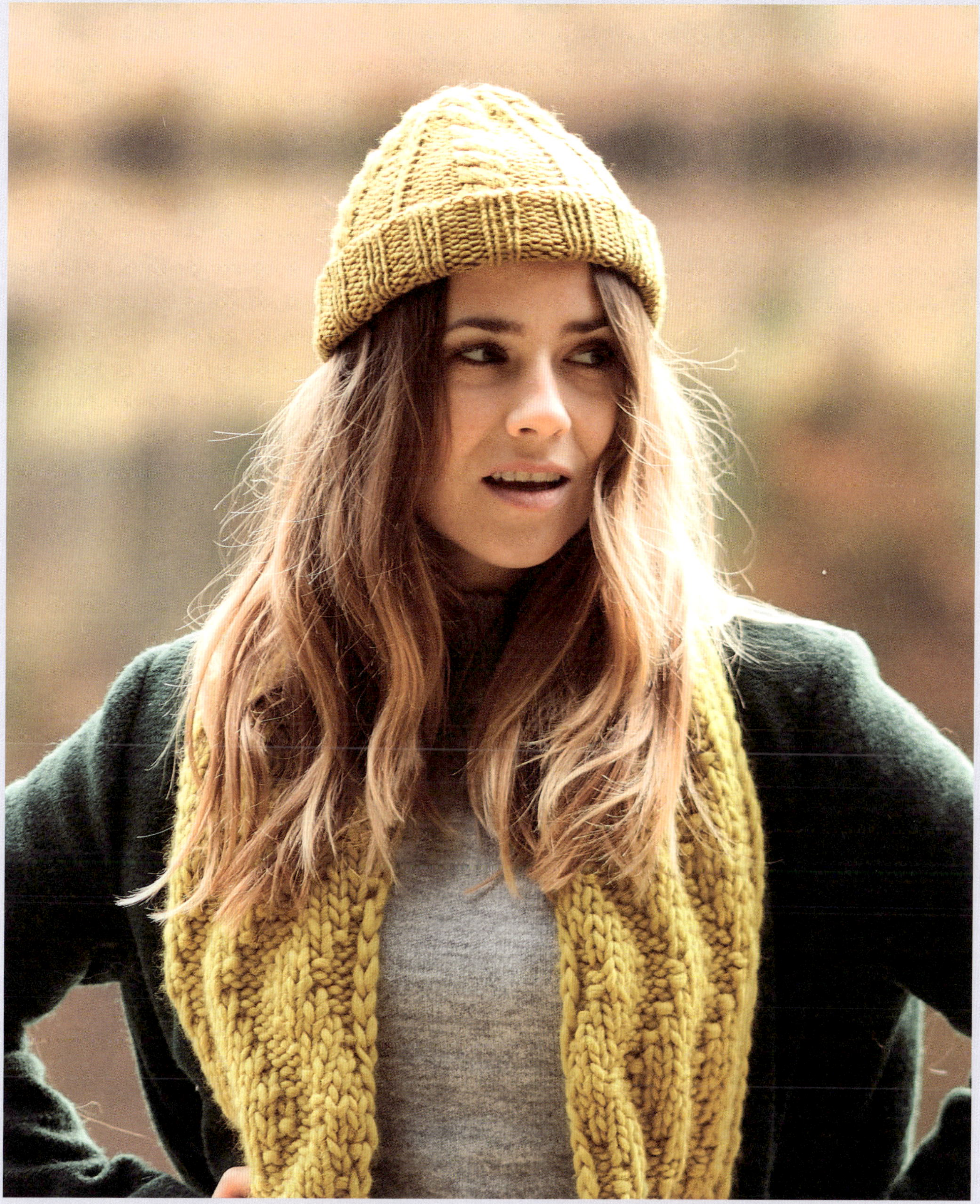

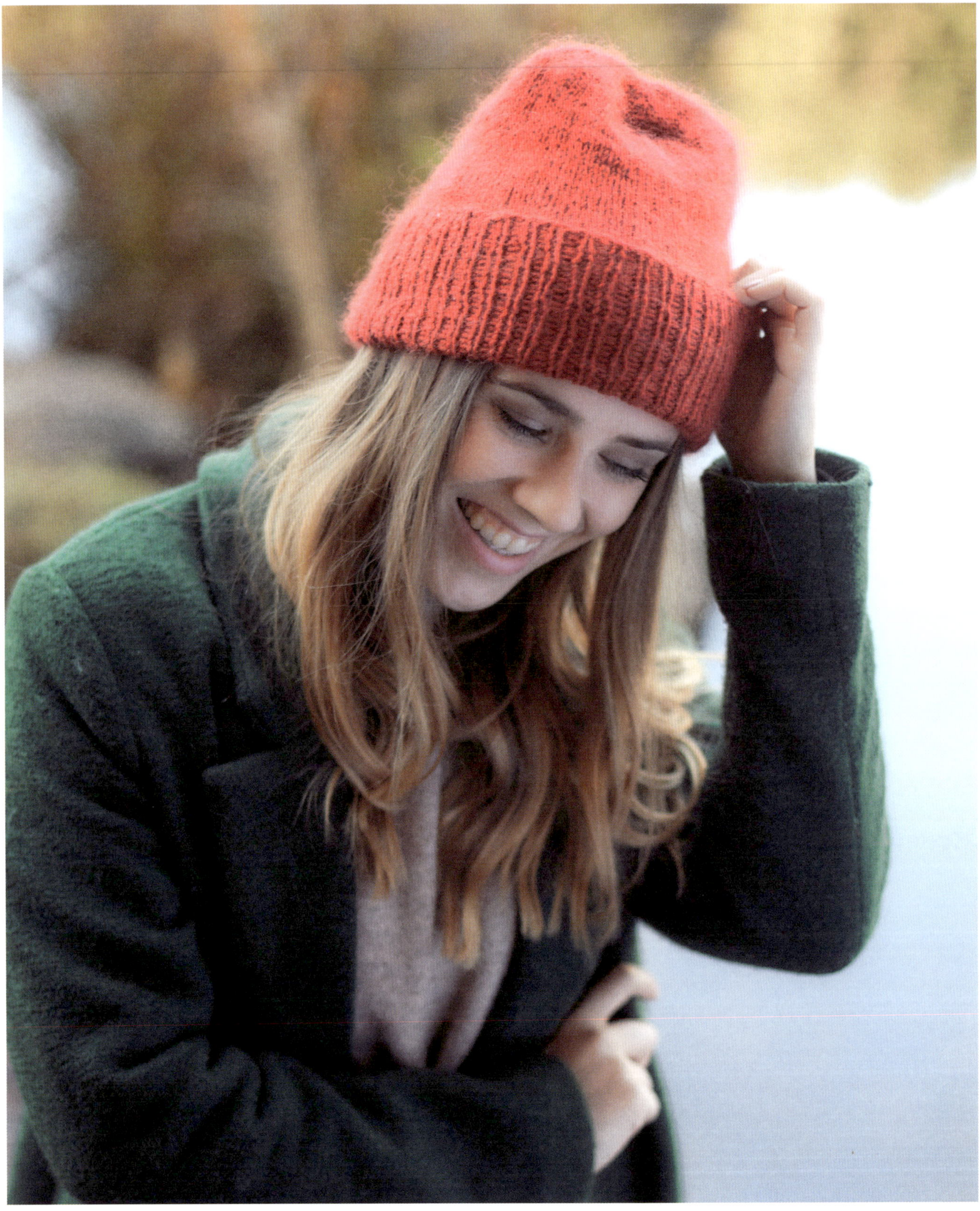

Mütze Emma Flauschversion

Größe: Kopfumfang 54-56 cm

Garn: Merino Bébé 200 Superwash von Lang Yarns (100 % extrafeine Merino-Schurwolle), 203 m/50 g, zweifädig und Mohair Luxe von Lang Yarns (77 % Mohair, 23 % Seide), 175 m/25 g

Benötigte Menge: 1 x 50 g-Knäuel Merino Bébé in Rot (Fb 360) und 1 x 25-g Knäuel Mohair Luxe in Rot (Fb 060)

Maschenprobe: 10 x 10 cm = 17 Maschen x 32 Reihen in glatt rechts, zweifädig mit NS 4 mm gestrickt

Nadeln: Stricknadeln 3,5 und 4 mm bzw. die Größe, mit der die richtige Maschenprobe erreicht wird. Die Mütze lässt sich am einfachsten auf einem Nadelspiel in Runden stricken.

Verwendete Techniken: Rechte und linke Maschen stricken

Schriftliche Anleitung

Schlage zweifädig 86 M auf deinem 3,5 mm Nadelspiel an und schließe zur Runde.

TIPP: Nimm die Nadeln doppelt, damit der Anschlag locker wird.

Info: Angaben in *Sternen* werden bis zum Rundenende wiederholt.

1. - 30. Rd: *1 re M, 1 li M* (86 M).

Wechsel zu deinem Nadelspiel 4 mm.

31. Rd: 84 re M, 2 M re zsm (85 M).
32. - 85. Rd: Alle M re stricken (85 M).
86. Rd: Alle M re stricken, setze dabei nach jeder 17. M einen Maschenmarkierer (85 M).

Es folgen die Abnahmerunden:

87. Rd: *2 M re zsm, alle M re, bis vor die 2 M vor dem Markierer, diese re überzogen zsm stricken* (75 M).
88. Rd: 75 M re (75 M).
89. Rd: *2 M re zsm, alle M re, bis vor die 2 M vor dem Markierer, diese re überzogen zsm stricken* (65 M).
90. Rd: 65 M re (65 M).
91. Rd: *2 M re zsm, alle M re, bis vor die 2 M vor dem Markierer, diese re überzogen zsm stricken* (55 M).
92. Rd: 55 M re (55 M).
93. Rd: *2 M re zsm, alle M re, bis vor die 2 M vor dem Markierer, diese re überzogen zsm stricken* (45 M).
94. Rd: 45 M re (45 M).
95. Rd: *2 M re zsm, alle M re, bis vor die 2 M vor dem Markierer, diese re überzogen zsm stricken* (35 M).
96. Rd: 35 M re (35 M).
97. Rd: *2 M re zsm, alle M re, bis vor die 2 M vor dem Markierer, diese re überzogen zsm stricken* (25 M).
98. Rd: 25 M re (25 M).

Fertigstellung

Schneide den Faden circa 30 cm lang ab und führe ihn mit Hilfe einer Wollnadel durch alle Maschen. Lass diese von der Nadel fallen und zieh den Faden fest, bis das Loch geschlossen ist.

Damit dein Strickstück seine volle Schönheit entfalten kann, rate ich dir, die Mütze nach der Fertigstellung in ein lauwarmes, 5-minütiges Wasserbad zu legen. Lass es anschließend im Liegen trocknen. Zusätzlich kannst du es noch leicht spannen, damit sich die Maschen gleichmäßig legen.

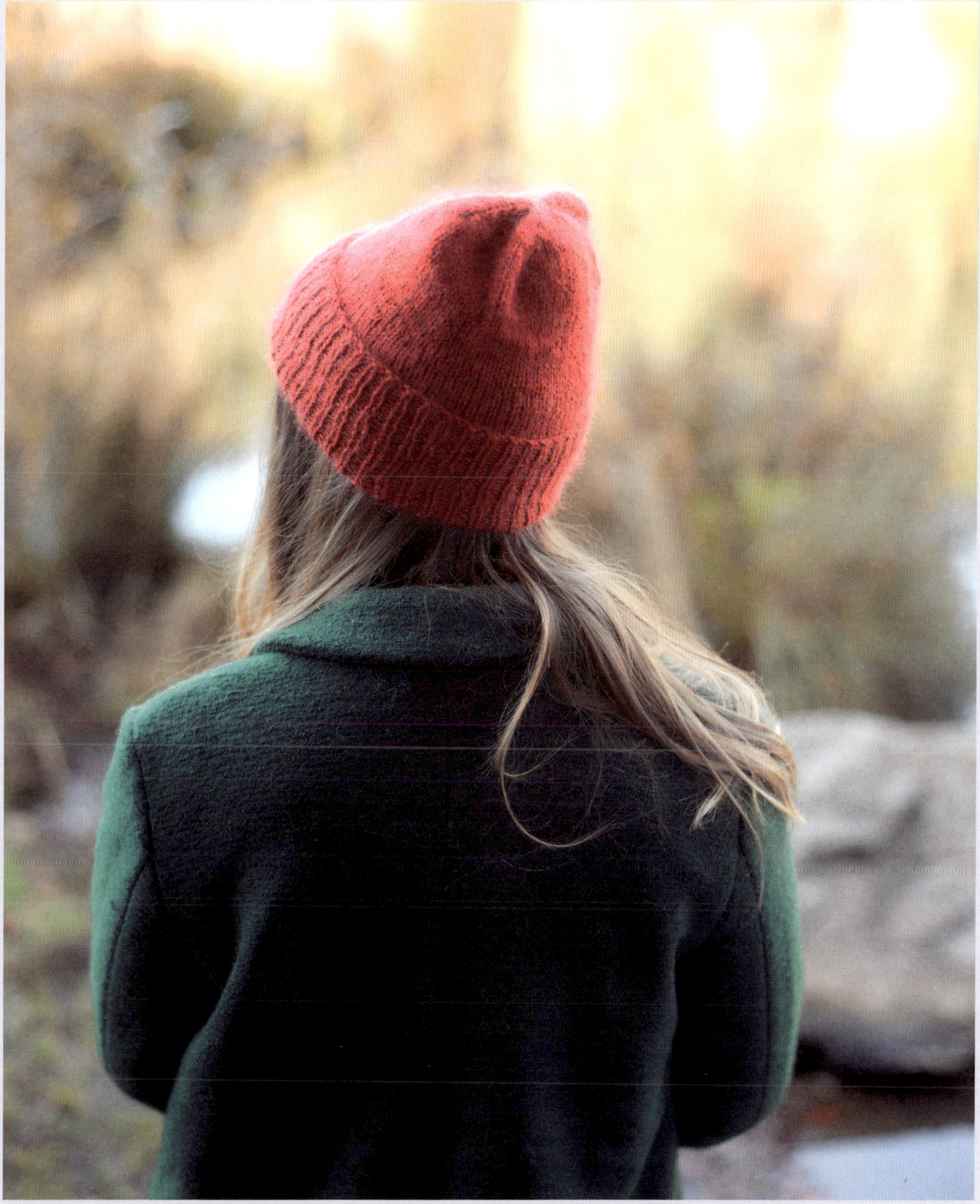

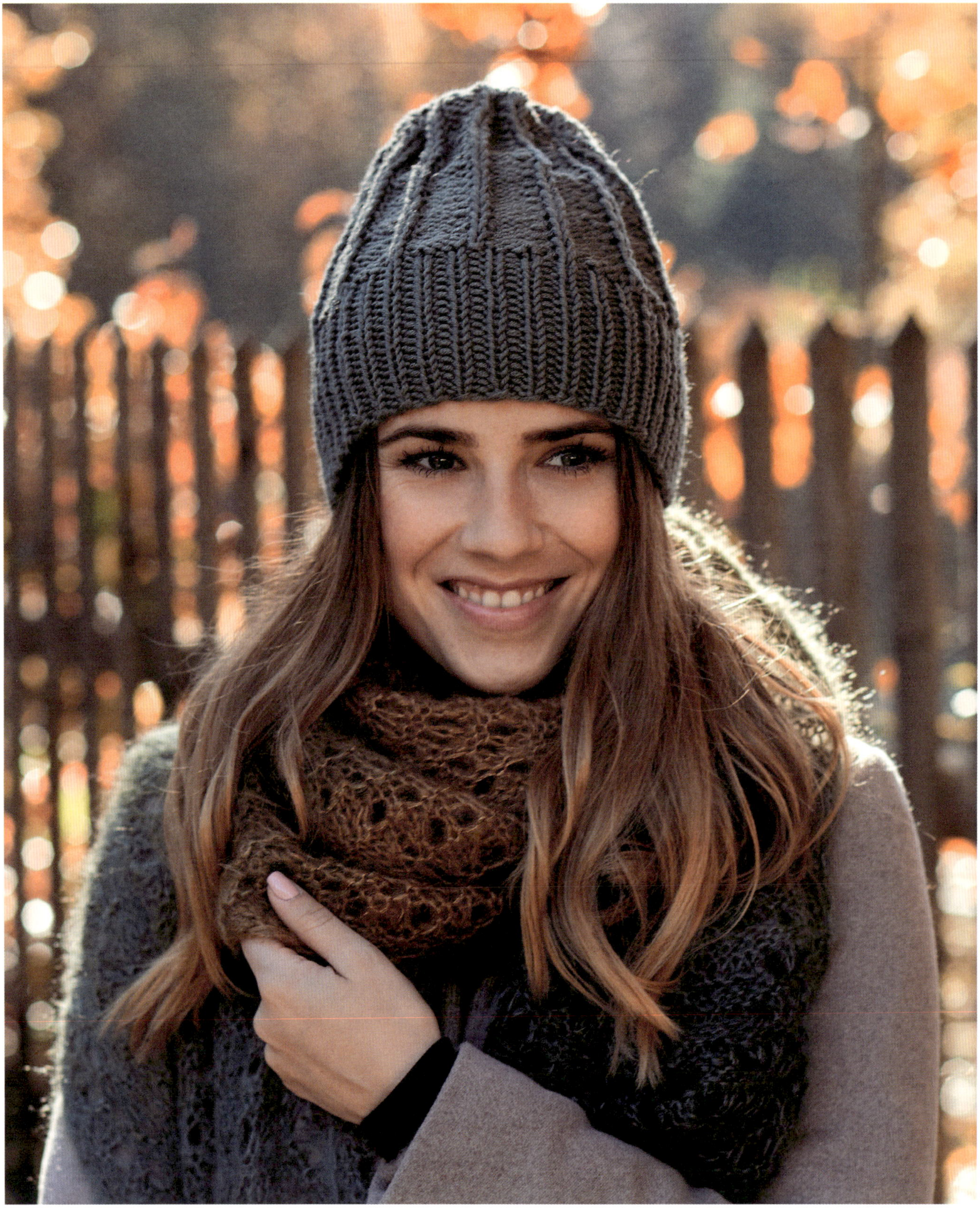

Mütze Illy

Größe: **Kopfumfang 54-56 cm**

Garn: **Bingo Mélange von Lana Grossa (100 % extra-feine Merino-Schurwolle), 80 m/50 g**

Benötigte Menge: **2 x 50 g-Knäuel in Khaki (Fb 732)**

Maschenprobe: **10 x 10 cm = 14 Maschen x 22 Reihen in glatt rechts mit NS 5 mm gestrickt**

Nadeln: **Stricknadeln 4,5 und 5 mm bzw. die Größe, mit der die richtige Maschenprobe erreicht wird. Die Mütze lässt sich am einfachsten auf einem Nadelspiel in Runden stricken.**

Verwendete Techniken: **Tiefergestochene Maschen stricken**

Schriftliche Anleitung

Schlage 70 M auf deinem 4,5 mm Nadelspiel an und schließe zur Runde.

TIPP: Nimm die Nadeln doppelt, damit der Anschlag locker wird.

Info: Angaben in *Sternen* werden bis zum Rundenende wiederholt.

1. - 17. Rd: *1 re M, 1 li M* (70 M).

Wechsel zu deinem Nadelspiel 5 mm.

18. Rd: *2 li M, 1 re M, 2 li M* (70 M).
19. Rd: *2 li M, 1 tiefergestochene re M, 2 li M*.

Wiederhole Runde 18 und 19 abwechselnd, bis du insgesamt 56 Runden gestrickt hast. (Bündchen wird mitgezählt.)

Es folgen die Abnahmerunden:

57. Rd: *2 M li zsm, 1 re M, 2 li M* (56 M).
58. Rd: *1 li M, 1 tiefergestochene re M, 2 li M* (56 M).
59. Rd: *1 li M, 1 re M, 2 M li zsm* (42 M).
60. Rd: *1 li M, 1 tiefergestochene re M, 1 li M* (42 M).
61. Rd: 1 li M, *1 re M, 2 M li zsm* bis zur letzen M, stricke diese li M mit der 1 li M der nächsten Rd li zusammen (28 M).
62. Rd: *1 re, 1 li M* (28 M).

Fertigstellung

Schneide den Faden circa 30 cm lang ab und führe ihn mit Hilfe einer Wollnadel durch alle Maschen. Lass diese von der Nadel fallen und zieh den Faden fest, bis das Loch geschlossen ist.

Damit dein Strickstück seine volle Schönheit entfalten kann, rate ich dir, die Mütze nach der Fertigstellung in ein lauwarmes, 5-minütiges Wasserbad zu legen. Lass es anschließend im Liegen trocknen. Zusätzlich kannst du es noch leicht spannen, damit sich die Maschen gleichmäßig legen.

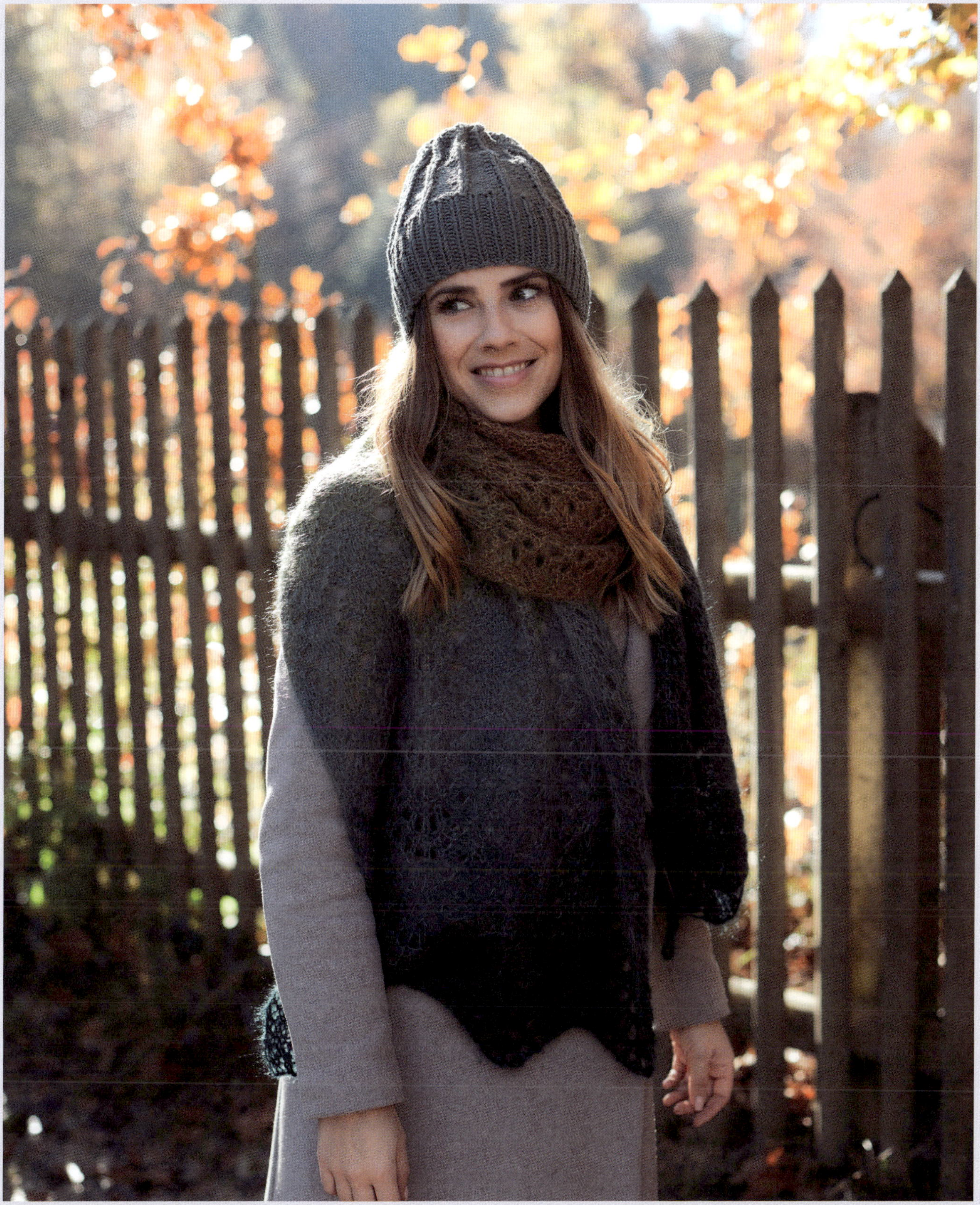

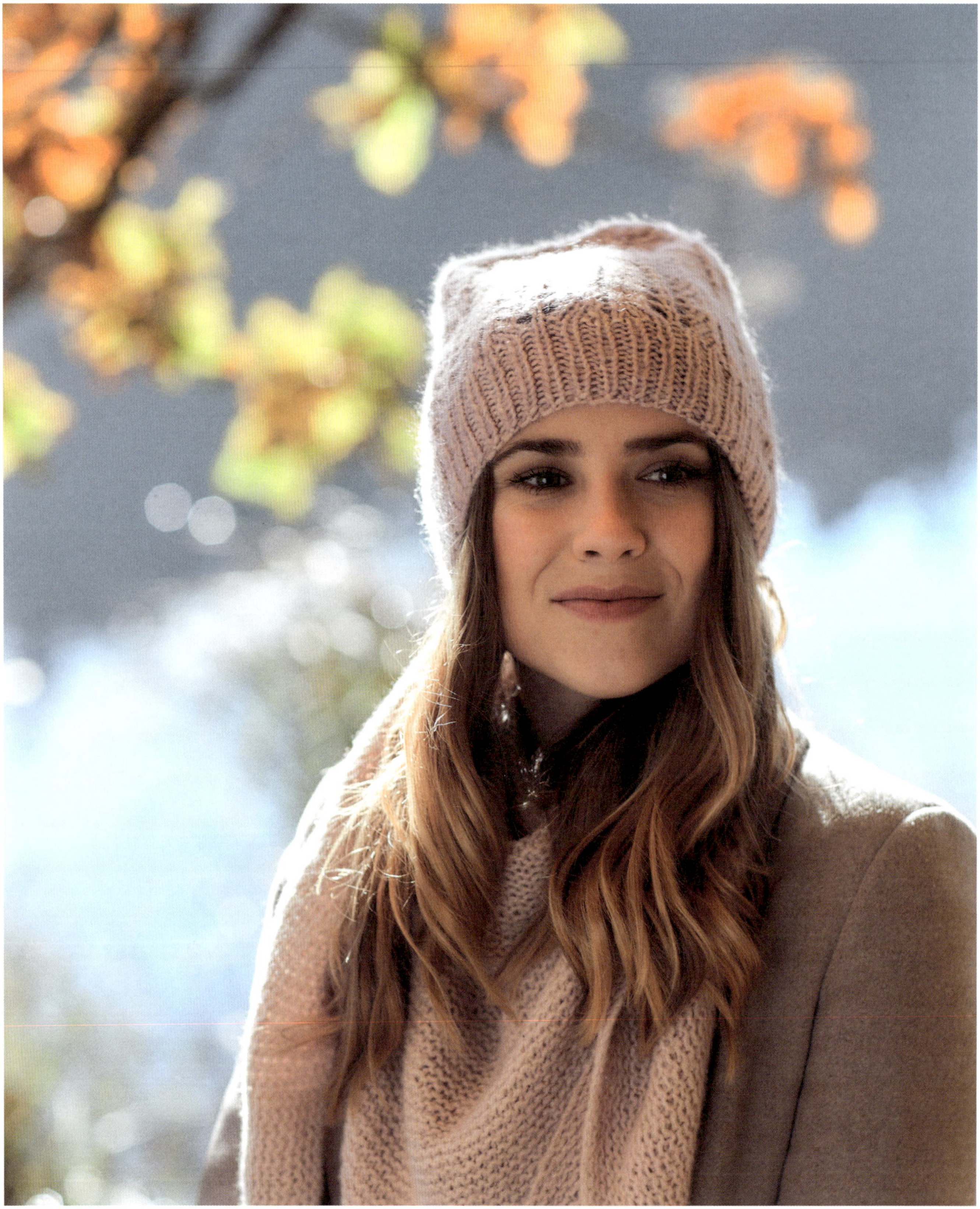

Mütze Amalia

Größe: **Kopfumfang 54-56 cm**

Garn: **Brigitte No. 2 von Lana Grossa (47 % Alpaka, 45 % Baumwolle, 8 % Schurwolle), 140 m/50 g**

Benötigte Menge: **1 x 50 g-Knäuel in Altrosa (Fb 12)**

Maschenprobe: **10 x 10 cm = 16 Maschen x 22 Reihen in glatt rechts mit NS 6 mm gestrickt**

Nadeln: **Stricknadeln 5 und 6 mm bzw. die Größe, mit der die richtige Maschenprobe erreicht wird. Die Mütze lässt sich am einfachsten auf einem Nadelspiel in Runden stricken.**

Verwendete Techniken: **Lochmuster stricken**

Strickschrift

Maschenrapport (9 M)

>	x	x	U	x	U	x	x	<	Reihe
									1.

x = rechte Masche
< = 2 M rechts überzogen zusammenstricken*
> = 2 M rechts zusammenstricken
U = Umschlag

* Hebe eine M wie zum Rechtsstricken ab, stricke die nächste M rechts, ziehe die abgehobene M über die gestrickte M

Die Rückreihe ist in der Strickschrift nicht aufgeführt.

Schriftliche Anleitung

Schlage 80 M auf deinem 5 mm Nadelspiel an und schließe zur Runde.

TIPP: Nimm die Nadeln doppelt, damit der Anschlag locker wird.

Info: Angaben in *Sternen* werden bis zum Rundenende wiederholt.

1. - 13. Rd: *1 re M, 1 li M* (80 M).

Wechsel zu deinem Nadelspiel 6 mm.

14. Rd: Nimm 1 M verschränkt aus dem Querfaden zu, alle restlichen M re stricken (81 M).
15. Rd: *2 M re überzogen zsm stricken, 2 re M, 1 U, 1 re M, 1 U, 2 re M, 2 M re zsm* (81 M).
16. Rd: Alle M re stricken (81 M).

Wiederhole die Runden 15 und 16 abwechselnd, bis du insgesamt 32 Runden in dem Muster gestrickt hast (ohne Bündchen gezählt).

Insgesamt hast du jetzt 46 Runden inklusive Bündchen gestrickt.
Es folgen die Abnahmerunden:

47. Rd: *2 M re überzogen zsm, 5 re M, 2 M re zsm* (63 M).
48. Rd: Alle M re stricken (63 M).
49. Rd: *2 M re überzogen zsm, 3 re M, 2 M re zsm* (45 M).
50. Rd: Alle M re stricken (45 M).
51. Rd: *2 M re überzogen zsm, 1 re M, 2 M re zsm* (27 M).
52. Rd: Alle M re stricken (27 M).
53. Rd: *2 M re überzogen zsm, 1 re M* (18 M).
54. Rd: Alle M re stricken (18 M).

Fertigstellung

Schneide den Faden circa 30 cm lang ab und führe ihn mit Hilfe einer Wollnadel durch alle Maschen. Lass diese von der Nadel fallen und zieh den Faden fest, bis das Loch geschlossen ist.

Damit dein Strickstück seine volle Schönheit entfalten kann, rate ich dir, die Mütze nach der Fertigstellung in ein lauwarmes, 5-minütiges Wasserbad zu legen. Lass es anschließend im Liegen trocknen. Zusätzlich kannst du es noch leicht spannen, damit sich die Maschen gleichmäßig legen.

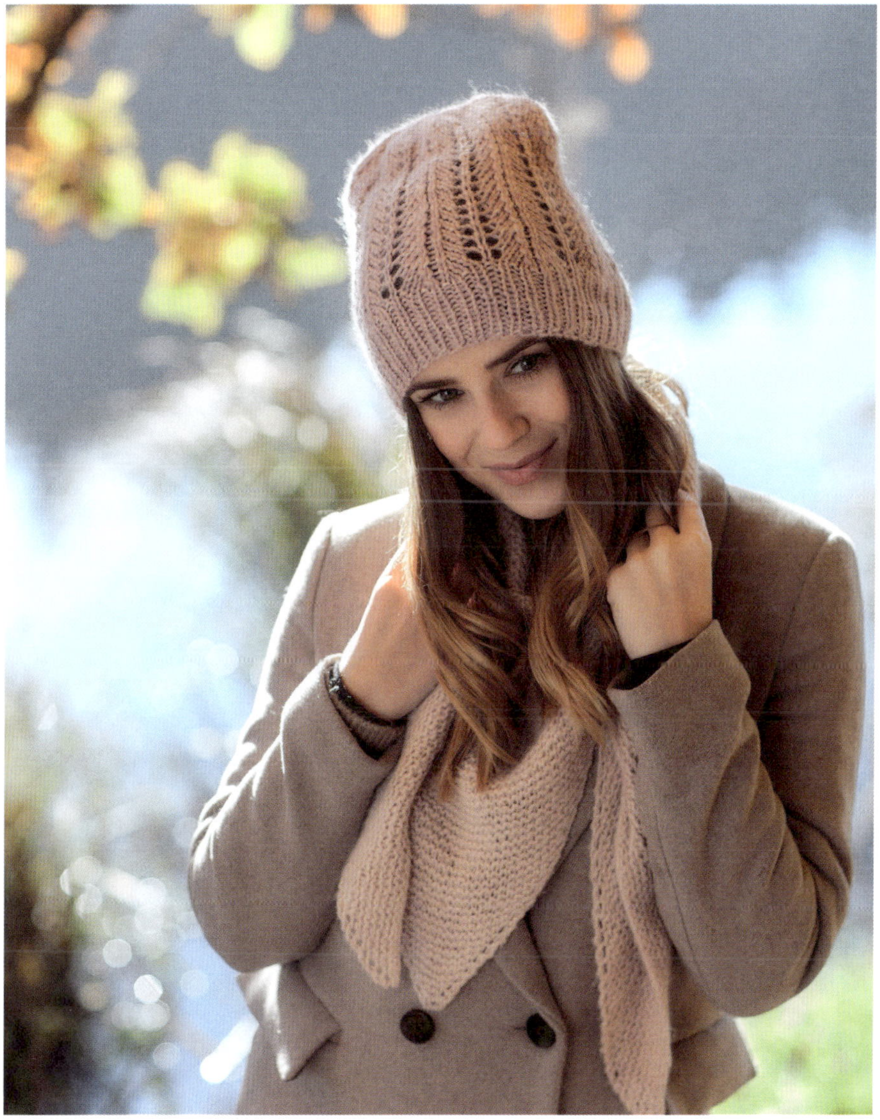

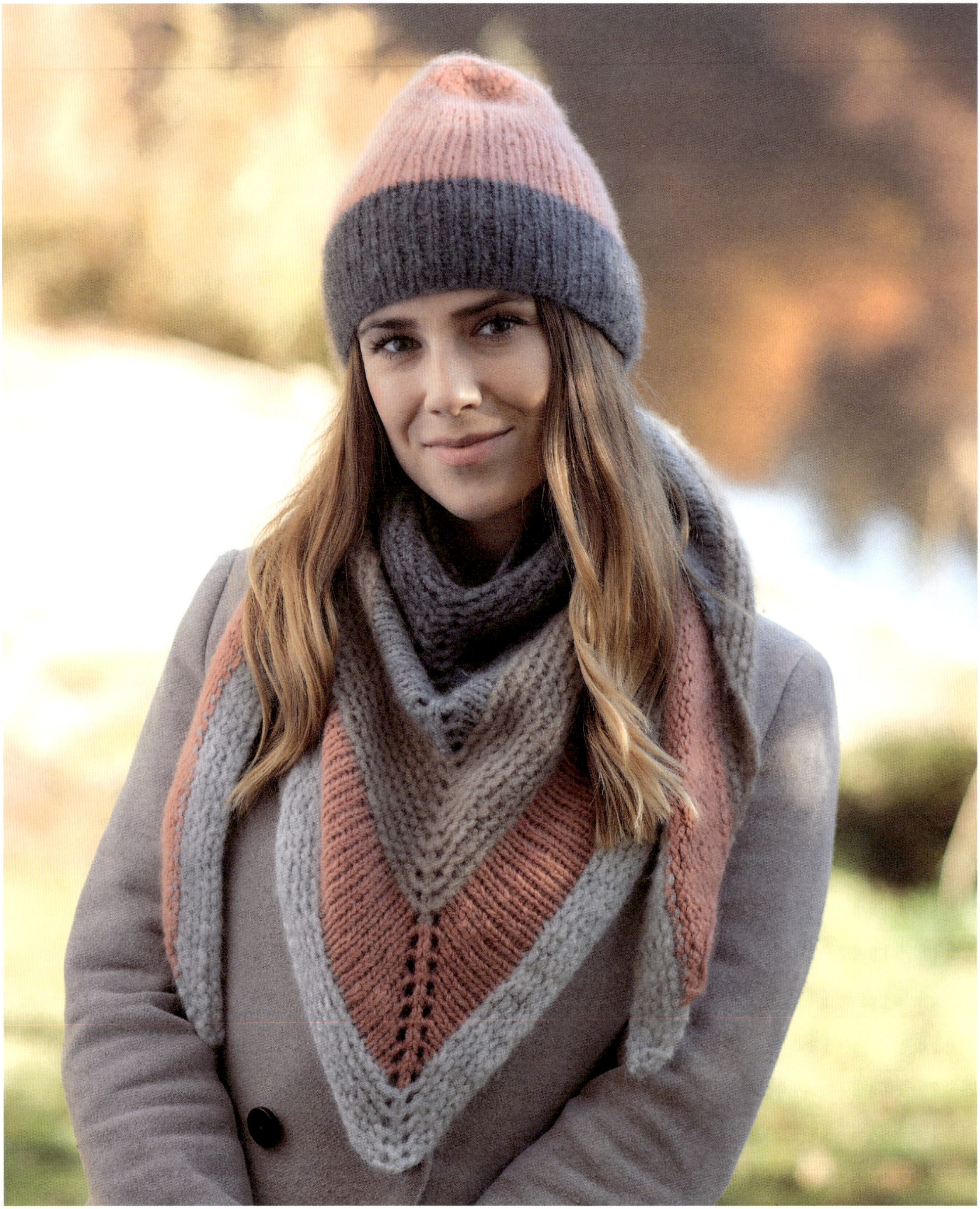

Beanie Cashmere Light

Größe: Kopfumfang 54-56 cm

Garn: Cashmere Light von Lang Yarns
(88 % Cashmere, 12 % Polyamid), 85 m/25 g

Benötigte Menge: 1 x 25 g-Knäuel in Dunkelgrau (Fb 5) und 1 x 25 g-Knäuel in Lachsrosa (Fb 28)

Maschenprobe: 10 x 10 cm = 9 Maschen x 14 Reihen in glatt rechts mit NS 10 mm gestrickt

Nadeln: Stricknadeln 10 mm bzw. die Größe, mit der die richtige Maschenprobe erreicht wird. Die Mütze lässt sich am einfachsten auf einem Nadelspiel in Runden stricken.

Verwendete Techniken: Rechte Maschen stricken

Schriftliche Anleitung

Schlage mit der Farbe Dunkelgrau (Fb 5) 45 M auf deinem 10 mm Nadelspiel an und schließe zur Runde.

TIPP: Nimm die Nadeln doppelt, damit der Anschlag locker wird.

Info: Angaben in *Sternen* werden bis zum Rundenende wiederholt.

1. - 19. Rd: Alle M re (45 M).

FARBWECHSEL ZU LACHSROSA (FB 28)

20. - 45. Rd: Alle M re stricken (45 M).

Es folgen die Abnahmerunden:

46. Rd: Alle M re und währenddessen jede 8. und 9. M re zsm (40 M).
47. Rd: Alle M re (40 M).
48. Rd: Alle M re und währenddessen jede 7. und 8. M re zsm (35 M).

49. Rd: Alle M re (35 M).
50. Rd: Alle M re und währenddessen jede 6. und 7. M re zsm (30 M).
51. Rd: Alle M re (30 M).
52. Rd: Alle M re und währenddessen jede 5. und 6. M re zsm (25 M).
53. Rd: Alle M re (25 M).
54. Rd: Alle M re und währenddessen jede 4. und 5. M re zsm (20 M).
55. Rd: Alle M re (20 M).
56. Rd: Alle M re und währenddessen jede 3. und 4. M re zsm (15 M).
57. Rd: Alle M re (15 M).

Fertigstellung

Schneide den Faden circa 30 cm lang ab und führe ihn mit Hilfe einer Wollnadel durch alle Maschen. Lass diese von der Nadel fallen und zieh den Faden fest, bis das Loch geschlossen ist.

Damit dein Strickstück seine volle Schönheit entfalten kann, rate ich dir, die Mütze nach der Fertigstellung in ein lauwarmes, 5-minütiges Wasserbad zu legen. Lass es anschließend im Liegen trocknen. Zusätzlich kannst du es noch leicht spannen, damit sich die Maschen gleichmäßig legen.

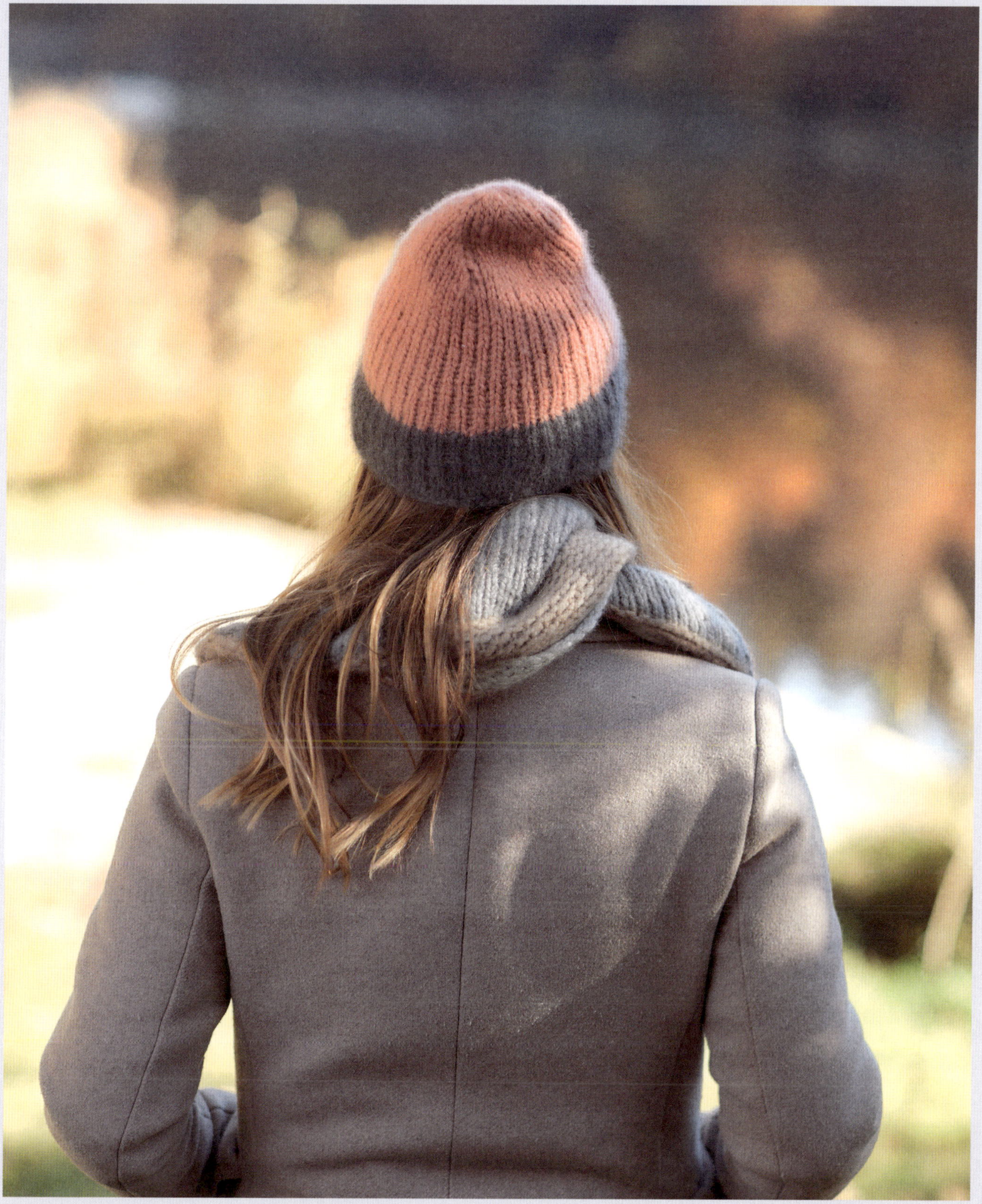

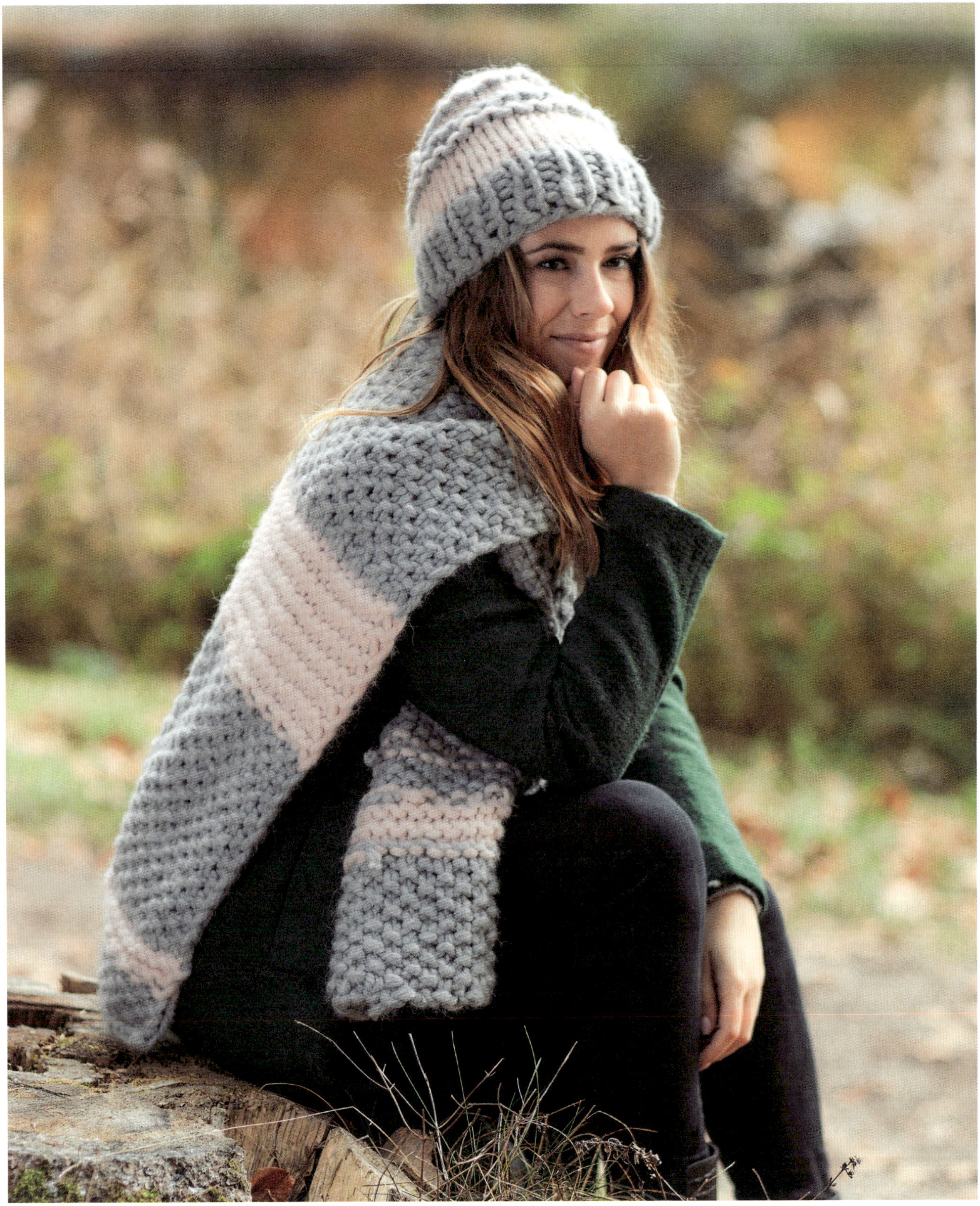

Mütze Chunky

Größe: Kopfumfang 54-56 cm

Garn: Alpaca Big von Schachenmayr (100 % Merino-Schurwolle), 50 m/100 g

Benötigte Menge: 1 x 100 g-Knäuel in Hellgrau (Fb 90) und 1 x 100 g-Knäuel in Hellrosa (Fb 35)

Maschenprobe: 10 x 10 cm = 5,5 Maschen x 10 Reihen in glatt rechts mit NS 12 mm gestrickt

Nadeln: Stricknadeln 12 mm bzw. die Größe, mit der die richtige Maschenprobe erreicht wird. Die Mütze lässt sich am einfachsten auf einem Nadelspiel in Runden stricken.

Verwendete Techniken: Rechte und linke Maschen stricken

Schriftliche Anleitung

Schlage mit der Farbe Hellgrau (Fb 90) 30 M auf deinem 12 mm Nadelspiel an und schließe zur Runde.

TIPP: Nimm die Nadeln doppelt, damit der Anschlag locker wird.

Info: Angaben in *Sternen* werden bis zum Rundenende wiederholt.

1. – 5. Rd: Stricke *1 re, 1 li M* (30 M).

FARBWECHSEL ZU HELLROSA (FB 35)

6. – 10. Rd: Alle M re (30 M).

FARBWECHSEL ZU FARBE HELLGRAU (FB 90)

11. Rd: Alle M li (30 M).
12. Rd: Alle M re (30 M).
13. Rd: Alle M li (30 M).

FARBWECHSEL ZU FARBE HELLROSA (FB 35)
14. - 16. Rd: Alle M re (30 M).

FARBWECHSEL ZU FARBE HELLGRAU (FB 90)
17. Rd: Alle M li (30 M).

Es folgen die Abnahmerunden:

FARBWECHSEL ZU FARBE HELLROSA (FB 35)
18. Rd: Alle M re (30 M).
19. Rd: Stricke jede 4. und 5. M re zsm, alle restlichen M re (25 M).
20. Rd: Alle M re (25 M).
21. Rd: Stricke jede 3. und 4. M re zsm, alle restlichen M re (20 M).
22. Rd: Alle M re (20 M).
23. Rd: Stricke jede 2. und 3. M re zsm, alle restlichen M re (15 M).
24. Rd: Alle M re (15 M).

Fertigstellung

Schneide den Faden circa 30 cm lang ab und führe ihn mit Hilfe einer Wollnadel durch alle Maschen. Lass diese von der Nadel fallen und zieh den Faden fest, bis das Loch geschlossen ist.

Damit dein Strickstück seine volle Schönheit entfalten kann, rate ich dir, die Mütze nach der Fertigstellung in ein lauwarmes, 5-minütiges Wasserbad zu legen. Lass es anschließend im Liegen trocknen. Zusätzlich kannst du es noch leicht spannen, damit sich die Maschen gleichmäßig legen.

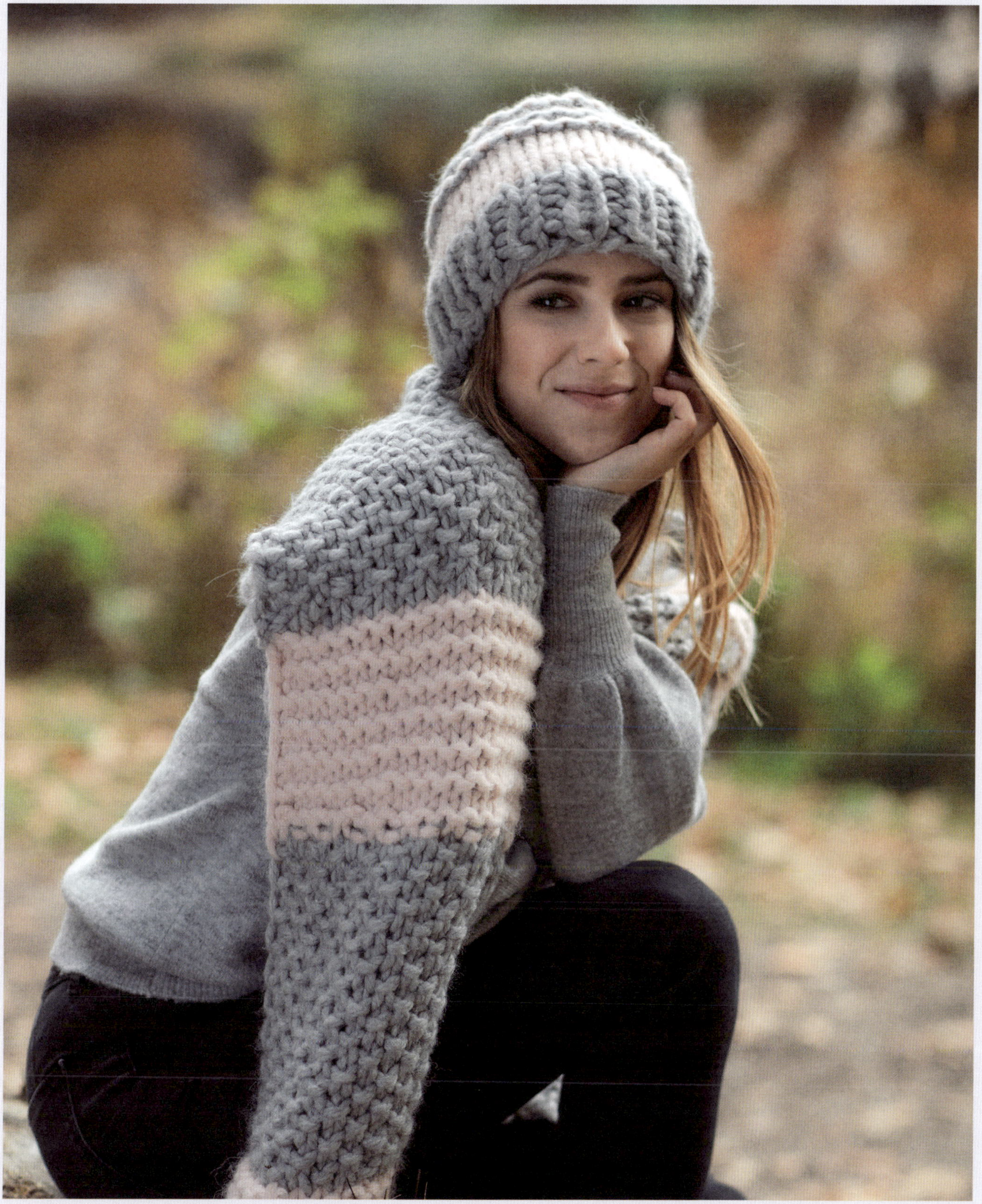

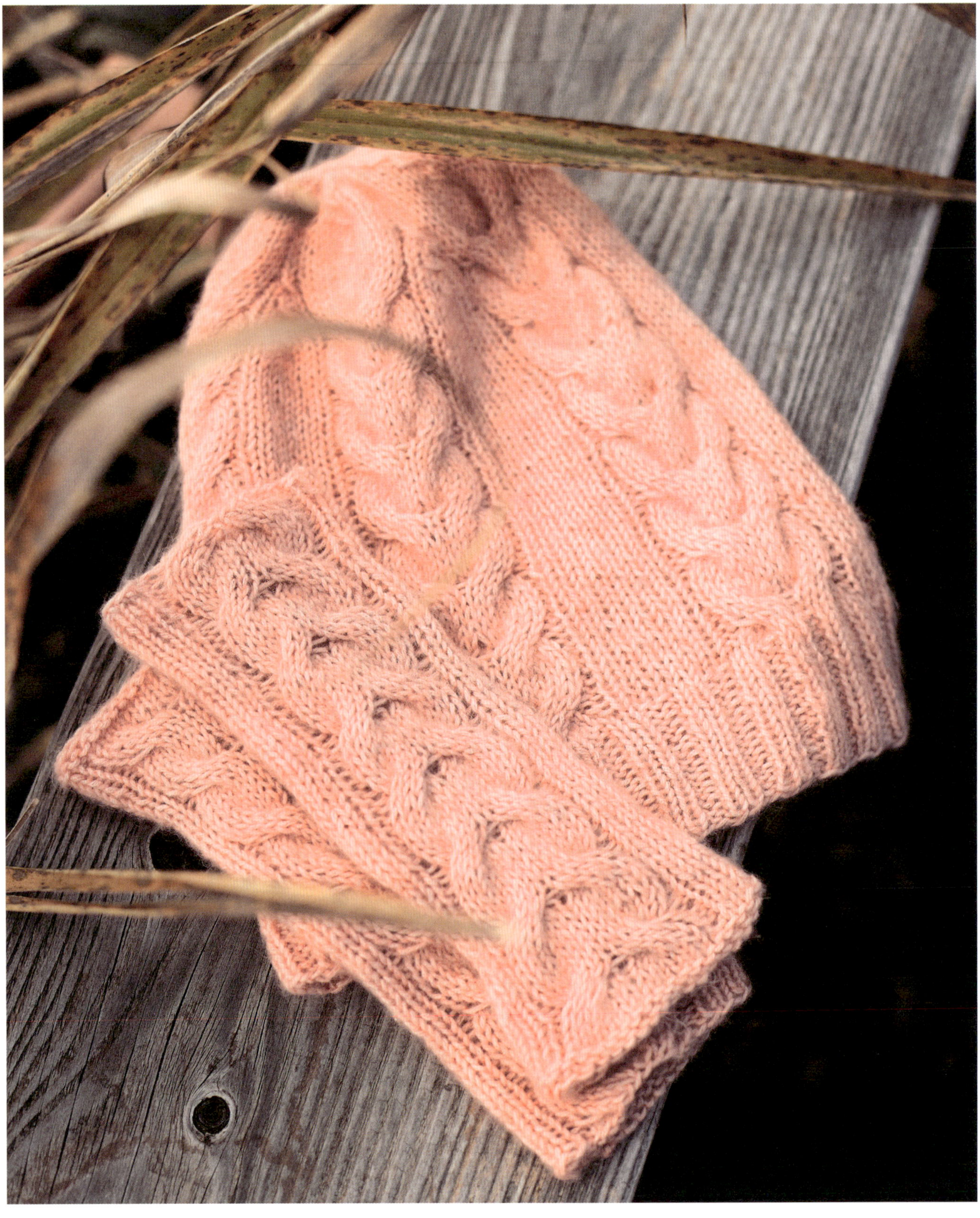

Mütze Lina

Größe: Kopfumfang 54–56 cm

Garn: Ecopuno von Lana Grossa (72 % Baumwolle, 17 % Merino-Schurwolle, 11 % Babyalpaka), 215 m/50 g

Benötigte Menge: 1 x 50 g-Knäuel in Pfirsich (Fb 07)

Maschenprobe: 10 x 10 cm = 20 Maschen x 32 Reihen in glatt rechts mit NS 3,5 mm gestrickt.

Nadeln: Stricknadeln 3 und 3,5 mm bzw. die Größe, mit der die richtige Maschenprobe erreicht wird. Die Mütze lässt sich am einfachsten auf einem Nadelspiel in Runden stricken.

Verwendete Techniken: Zopfmuster stricken

Strickschrift

Maschenrapport (14 M)

														Runde
x	–	–	–	–	–	–	–	–	–	–	–	–	x	8.
–	x	x	x	x	x	x	x	x	x	x	x	x	–	7.
x	–	–	–	–	–	–	–	–	–	–	–	–	x	6.
–	x	x	x	x	x	x	x	x	x	x	x	x	–	5.
x	–	–	–	–	–	–	–	–	–	–	–	–	x	4.
–	x	x	x	x	x	x	x	x	x	x	x	x	–	3.
x	–	–	–	–	–	–	–	–	–	–	–	–	x	2.
–	x	x	x	x	x	x	x	x	x	x	x	x	–	1.

x = rechte Masche
\- = linke Masche

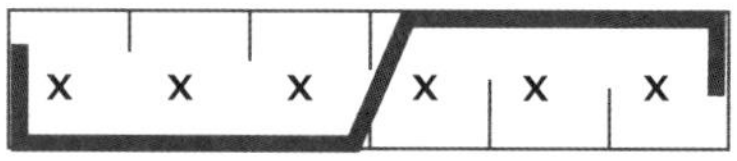

= 3 M auf einer Hilfsnadel hinter die Arbeit legen, 3 M rechts stricken, dann die 3 M von der Hilfsnadel rechts stricken.

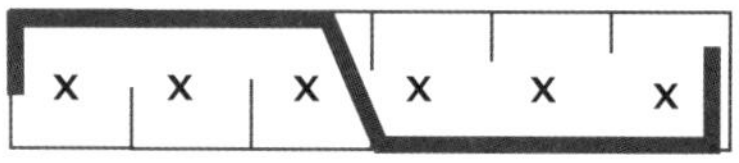

= 3 M auf einer Hilfsnadel vor die Arbeit legen, 3 M rechts stricken, dann die 3 M von der Hilfsnadel rechts stricken.

MUSTERRAPPORT

1., 2., 4., 5., 6., 7. und 8. Rd: 1 li M, 12 re M, 1 li M (14 M).
3. Rd: 1 li M, 3 M auf einer Hilfsnadel hinter die Arbeit legen, 3 re M, dann die 3 M von der Hilfsnadel stricken,
3 M auf einer Hilfsnadel vor die Arbeit legen, 3 re M, dann die 3 M von der Hilfsnadel re stricken, 1 li M (14 M).

3 MASCHEN ÜBERZOGEN ZUSAMMENSTRICKEN

Hebe zwei M wie zum Rechtsstricken ab, stricke die nächste M rechts, ziehe die beiden abgehobenen M über die gestrickte M.

Schriftliche Anleitung

Schlage 104 M auf deinem 3 mm Nadelspiel an und schließe zur Runde.

TIPP: Nimm die Nadeln doppelt, damit der Anschlag locker wird.

Info: Angaben in *Sternen* werden bis zum Rundenende wiederholt.

1. - 16. Rd: *2 re M, 2 li M* (104 M).

Wechsel zu deinem Nadelspiel 3,5 mm.

17. Rd: Nimm 1 M verschränkt aus dem Querfaden zu, alle restlichen M re (105 M).
18. Rd: *1 li M, 12 re M, 1 li M, 7 re M* (105 M).
19. Rd: *1 li M, 12 re M, 1 li M, 7 re M* (105 M).
20. Rd: *1 li M, 3 M auf einer Hilfsnadel hinter die Arbeit legen, 3 re M, dann die 3 M von der Hilfsnadel stricken, 3 M auf einer Hilfsnadel vor die Arbeit legen, 3 re M, dann die 3 M von der Hilfsnadel re stricken, 1 li M, 7 re M* (105 M).
21. Rd: *1 li M, 12 re M, 1 li M, 7 re M* (105 M).
22. Rd: *1 li M, 12 re M, 1 li M, 7 re M* (105 M).
23. Rd: *1 li M, 12 re M, 1 li M, 7 re M* (105 M).
24. Rd: *1 li M, 12 re M, 1 li M, 7 re M* (105 M).

25. Rd: *1 li M, 12 re M, 1 li M, 7 re M* (105 M).
Wiederhole Runde 18 bis 25, bis du den Mustersatz insgesamt 6-mal gestrickt hast.

Es folgen die Abnahmerunden:

82. Rd: *1 li M, 12 re M, 1 li M, 7 re M* (105 M).
83. Rd: *1 li M, 12 re M, 1 li M, 2 re M, 3 M re überzogen zsm, 2 re M* (95 M).
84. Rd: *1 li M, 3 M auf einer Hilfsnadel hinter die Arbeit legen, 3 re M, dann die 3 M von der Hilfsnadel stricken, 3 M auf einer Hilfsnadel vor die Arbeit legen, 3 re M, dann die 3 M von der Hilfsnadel re stricken, 1 li M, 5 re M* (95 M).
85. Rd: *1 li M, 12 re M, 1 li M, 5 re M* (95 M).
86. Rd: *1 li M, 12 re M, 1 li M, 1 re M, 3 M re überzogen zsm, 1 re M* (85 M).
87. Rd: *1 li M, 12 re M, 1 li M, 3 re M* (85 M).
88. Rd: *1 li M, 12 re M, 1 li M, 3 re M* (85 M).
89. Rd: *1 li M, 5 M re, 2 M re zsm, 5 M re, 1 li M, 3 M re überzogen zsm* (70 M).
90. Rd: *1 li M, 11 re M, 1 li M, 1 re M* (70 M).
91. Rd: *1 li M, 11 re M, 1 li M, 1 re M* (70 M).
92. Rd: *1 li M, 4 re M, 3 M re überzogen zsm, 4 re M, 1 li M, 1 re M* (60 M).
93. Rd: *1 li M, 9 re M, 1 li M, 1 re M* (60 M).
94. Rd: *1 li M, 9 re M, 1 li M, 1 re M* (60 M).
95. Rd: *1 li M, 3 re M, 3 M re überzogen zsm, 3 re M, 1 li M, 1 re M* (50 M).
96. Rd: *1 li M, 7 re M, 1 li M, 1 re M* (50 M).
97. Rd: *1 li M, 2 re M, 3 M re überzogen zsm, 2 re M, 1 li M, 1 re M* (40 M).
98. Rd: *1 li M, 5 re M, 1 li M, 1 re M* (40 M).

Fertigstellung

Schneide den Faden circa 30 cm lang ab und führe ihn mit Hilfe einer Wollnadel durch alle Maschen. Lass diese von der Nadel fallen und zieh den Faden fest, bis das Loch geschlossen ist.

Damit dein Strickstück seine volle Schönheit entfalten kann, rate ich dir, die Mütze nach der Fertigstellung in ein lauwarmes, 5-minütiges Wasserbad zu legen. Lass es anschließend im Liegen trocknen. Zusätzlich kannst du es noch leicht spannen, damit sich die Maschen gleichmäßig legen.

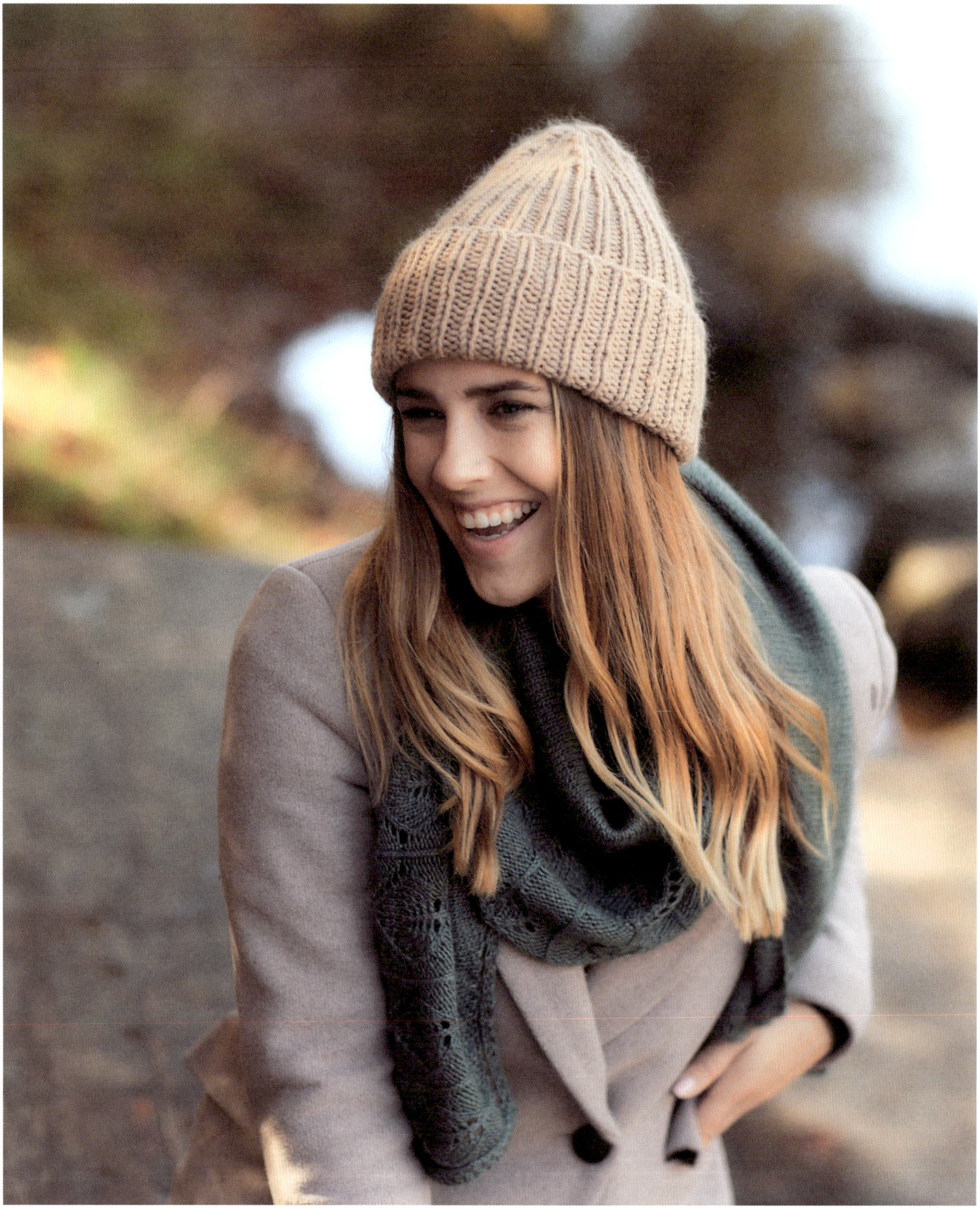

Mütze Till

Größe: Kopfumfang 54-56 cm

Garn: Merino 70 von Lang Yarns (98 % extrafein Merino, 2 % Polyester), 70 m/50 g, zusammen mit Lace von Lang Yarns (58 % Mohair Superkid, 42 % Seide), 310 m/25 g

Benötigte Menge: 2 x 50 g-Knäuel Merino 70 in Camel (Fb 139) und 1 x 25 g-Knäuel Lace in Camel (Fb 39)

Maschenprobe: 10 x 10 cm = 12 Maschen x 20 Reihen zweifädig in glatt rechts mit NS 6 mm gestrickt.

Nadeln: Stricknadeln 6 mm bzw. die Größe, mit der die richtige Maschenprobe erreicht wird. Die Mütze lässt sich am einfachsten auf einem Nadelspiel in Runden stricken.

Verwendete Techniken: Rechte und linke Maschen stricken

3 MASCHEN ÜBERZOGEN ZUSAMMENSTRICKEN

Hebe zwei Maschen wie zum Rechtsstricken ab, stricke die nächste Masche rechts, ziehe die beiden abgehobenen Maschen über die gestrickte Masche.

Schriftliche Anleitung

Schlage zweifädig (1 Faden Merino 70 und 1 Faden Lace) 60 M auf deinem 6 mm Nadelspiel an und schließe zur Runde.

TIPP: Nimm die Nadeln doppelt, damit der Anschlag locker wird.

Info: Angaben in *Sternen* werden bis zum Rundenende wiederholt.

1. – 59. Rd: *1 M re, 1 M li* (60 M).

Es folgen die Abnahmerunden:

60. Rd: *4 M, wie sie erscheinen, 2 M re überzogen zsm, 1 re M, 2 M re zsm, 3 M, wie sie erscheinen* (50 M).
61. R: Alle M, wie sie erscheinen (50 M).
62. Rd: *4 M, wie sie erscheinen, 3 M re überzogen zsm, 3 M wie sie erscheinen* (40 M).
63. Rd: Alle M, wie sie erscheinen (40 M).
64. Rd: *2 M, wie sie erscheinen, 2 M re überzogen zsm, 1 re M, 2 re M zsm, 1 M, wie sie erscheint* (30 M).
65. Rd: Alle M, wie sie erscheinen (30 M).
66. Rd: *2 M, wie sie erscheinen, 3 M re überzogen zsm, 1 M, wie sie erscheint* (20 M).
67. Rd: Alle M, wie sie erscheinen (20 M).

Fertigstellung

Schneide den Faden circa 30 cm lang ab und führe ihn mit Hilfe einer Wollnadel durch alle Maschen. Lass diese von der Nadel fallen und zieh den Faden fest, bis das Loch geschlossen ist.

Damit dein Strickstück seine volle Schönheit entfalten kann, rate ich dir, die Mütze nach der Fertigstellung in ein lauwarmes, 5-minütiges Wasserbad zu legen. Lass es anschließend im Liegen trocknen. Zusätzlich kannst du es noch leicht spannen, damit sich die Maschen gleichmäßig legen.

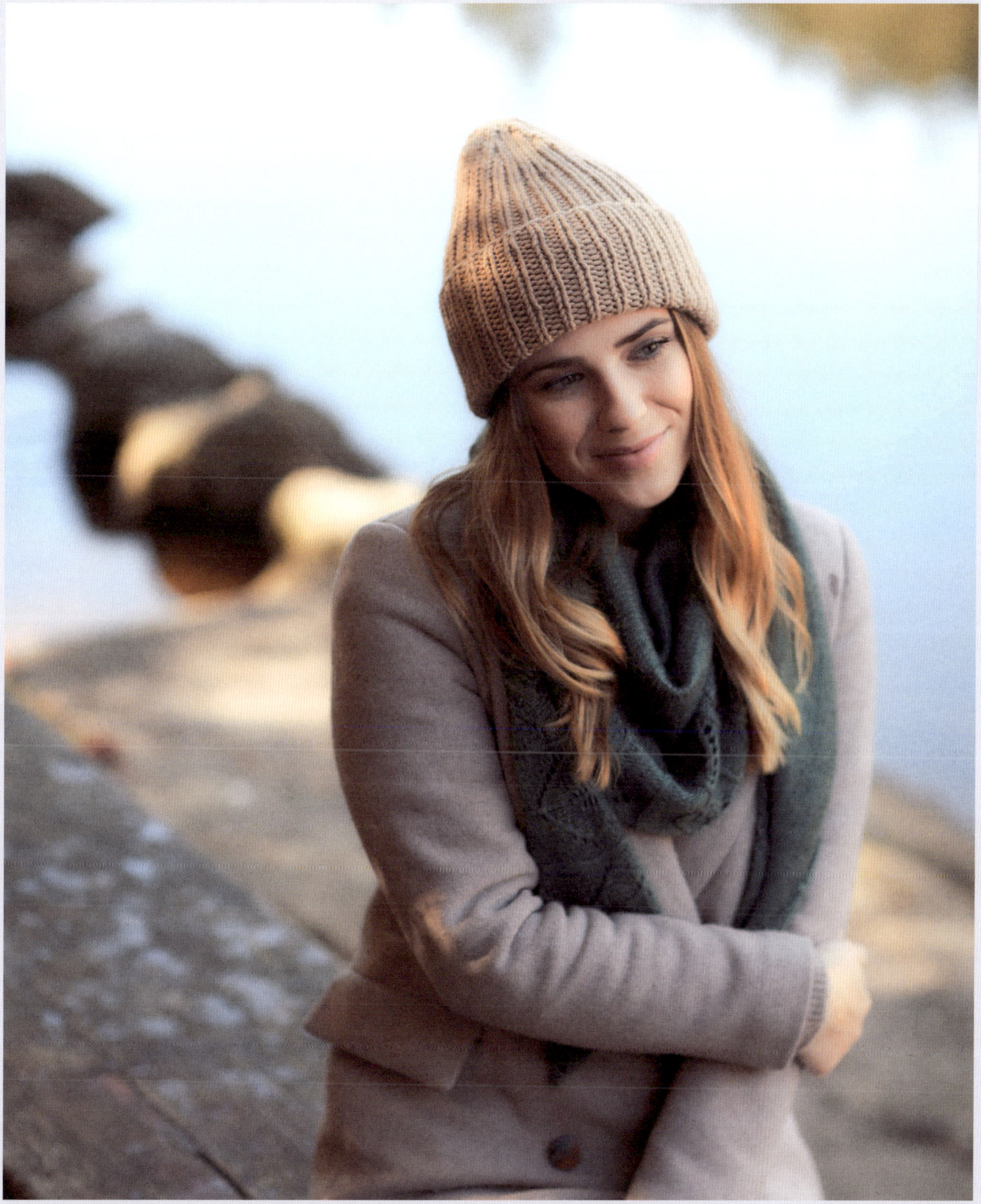

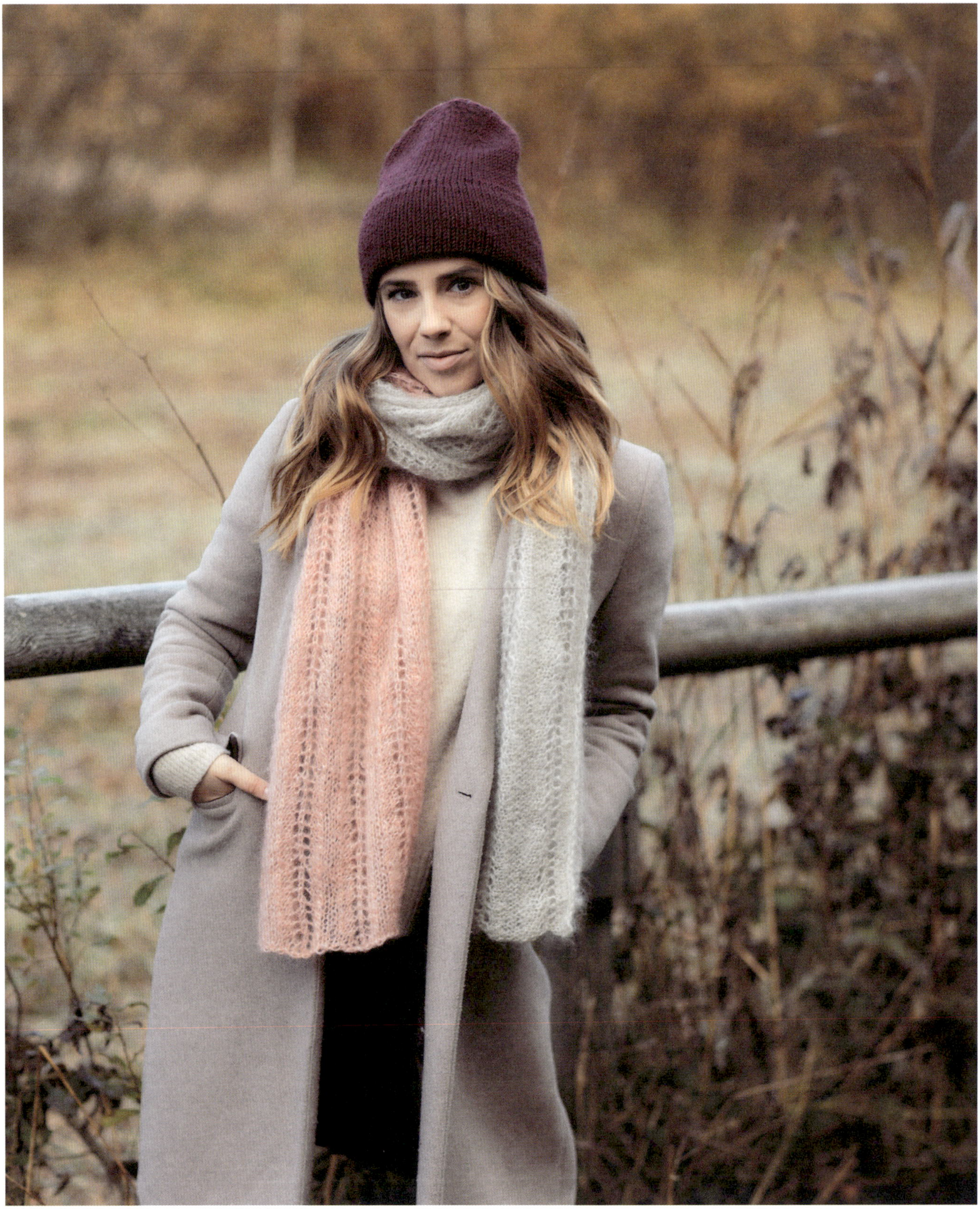

Mütze Liliane

Größe: Kopfumfang 54-56 cm

Garn: Bingo von Lana Grossa (100 % extrafeine Merino-Schurwolle), 80 m/50 g und Lace von Lang Yarns (58 % Mohair Superkid, 42 % Seide), 310 m/25 g

Benötigte Menge: 2 x 50 g-Knäuel Bingo in Bordeaux (Fb 184) und 1 x 25 g-Knäuel Lace in Aubergine (Fb 992.0080)

Maschenprobe: 10 x 10 cm = 14 Maschen x 22 Reihen zweifädig in glatt rechts mit NS 5 mm gestrickt.

Nadeln: Stricknadeln 5 mm bzw. die Größe, mit der die richtige Maschenprobe erreicht wird. Die Mütze lässt sich am einfachsten auf einem Nadelspiel in Runden stricken.

Verwendete Techniken: Rechte Maschen stricken

3 MASCHEN ÜBERZOGEN ZUSAMMENSTRICKEN

Hebe zwei Maschen wie zum Rechtsstricken ab, stricke die nächste Masche rechts, ziehe die beiden abgehobenen Maschen über die gestrickte Masche.

Schriftliche Anleitung

Schlage zweifädig (1 Faden Bingo und 1 Faden Lace) 70 M auf deinem 5 mm Nadelspiel an und schließe zur Runde.

TIPP: Nimm die Nadeln doppelt, damit der Anschlag locker wird.

Info: Angaben in *Sternen* werden bis zum Rundenende wiederholt.

1. – 41. Rd: Alle M re stricken (70 M).

Falte den bis hierher gestrickten Schlauch in der Mitte zusammen, sodass die rechten Maschen auf der Außenseite und die linken Maschen innen liegen. Die Anschlagsrunde liegt nun bündig abschließend hinter der 41. Rd.

42. Rd: Alle M re stricken und dabei immer die M auf der Nadel und gleichzeitig durch die M vom Anschlag, die dahinter liegt, stechen. Somit wird die Anschlagsrunde und die 42. Rd zusammengestrickt.

43. - 62. Rd: Alle M re stricken (70 M).

Es folgen die Abnahmerunden:

63. Rd: *5 re M, 2 M überzogen zsm, 1 re M, 2 M re zsm, 4 re M* (60 M).
64 und 65. Rd: Alle M re stricken (60 M).
66. Rd: *4 re M, 2 M überzogen zsm, 1 re M, 2 M re zsm, 3 re M* (50 M).
67 und 68. Rd: Alle M re stricken (50 M).
69. Rd: *3 re M, 2 M überzogen zsm, 1 re M, 2 M re zsm, 2 re M* (40 M).
70. und 71. Rd: Alle M re stricken (40 M).
72. Rd: *2 re M, 2 M überzogen zsm, 1 re M, 2 M re zsm, 1 re M* (30 M).
73. und 74. Rd: Alle M re stricken (30 M).
75. Rd: *1 re M, 2 M überzogen zsm, 1 re M, 2 M re zsm* (20 M).
76. und 77. Rd: Alle M re stricken (20 M).
78. Rd: *1 re M, 3 M überzogen zsm* (10 M).
79. Rd: Alle M re stricken (10 M).

Fertigstellung

Schneide den Faden circa 30 cm lang ab und führe ihn mit Hilfe einer Wollnadel durch alle Maschen. Lass diese von der Nadel fallen und zieh den Faden fest, bis das Loch geschlossen ist.

Damit dein Strickstück seine volle Schönheit entfalten kann, rate ich dir, die Mütze nach der Fertigstellung in ein lauwarmes, 5-minütiges Wasserbad zu legen. Lass es anschließend im Liegen trocknen. Zusätzlich kannst du es noch leicht spannen, damit sich die Maschen gleichmäßig legen.

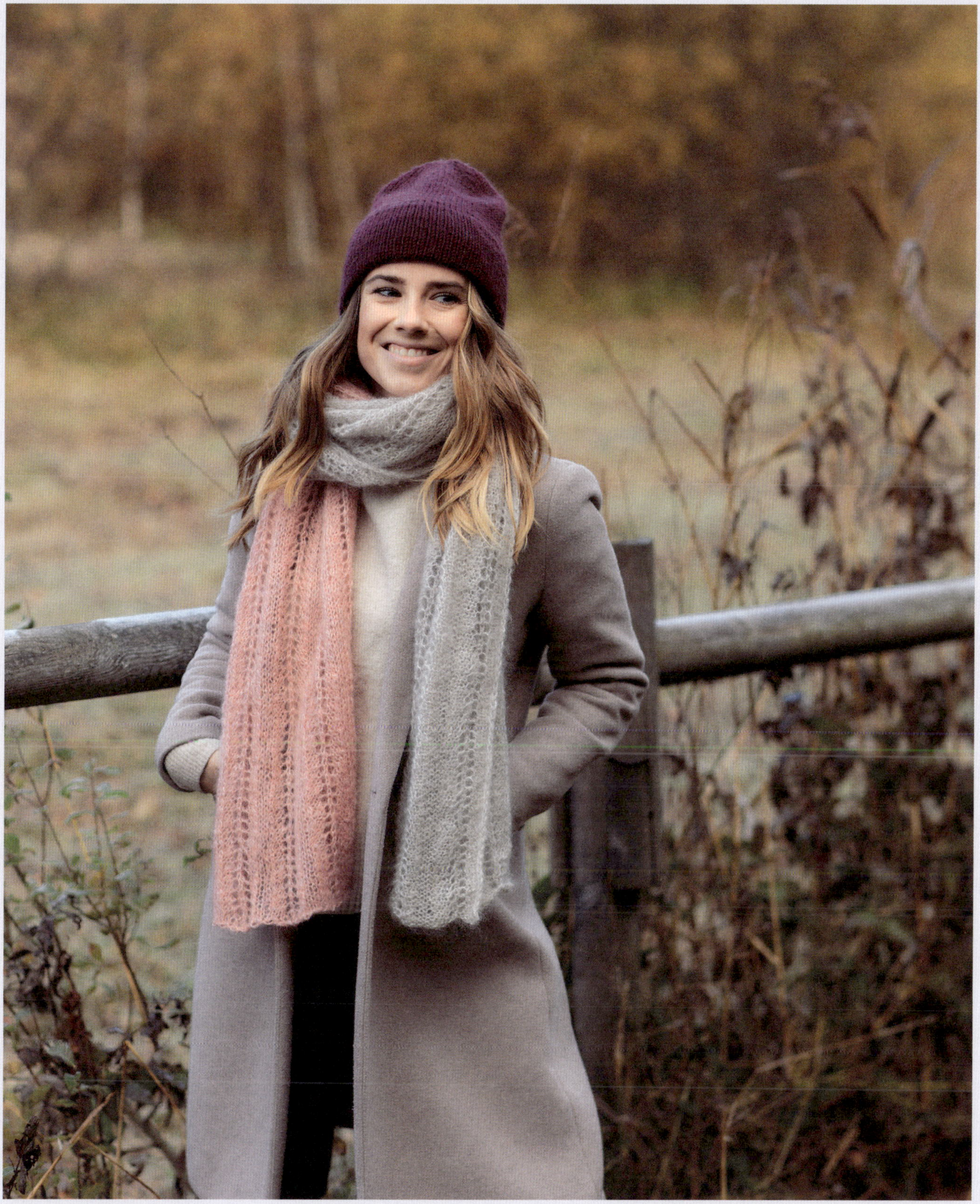

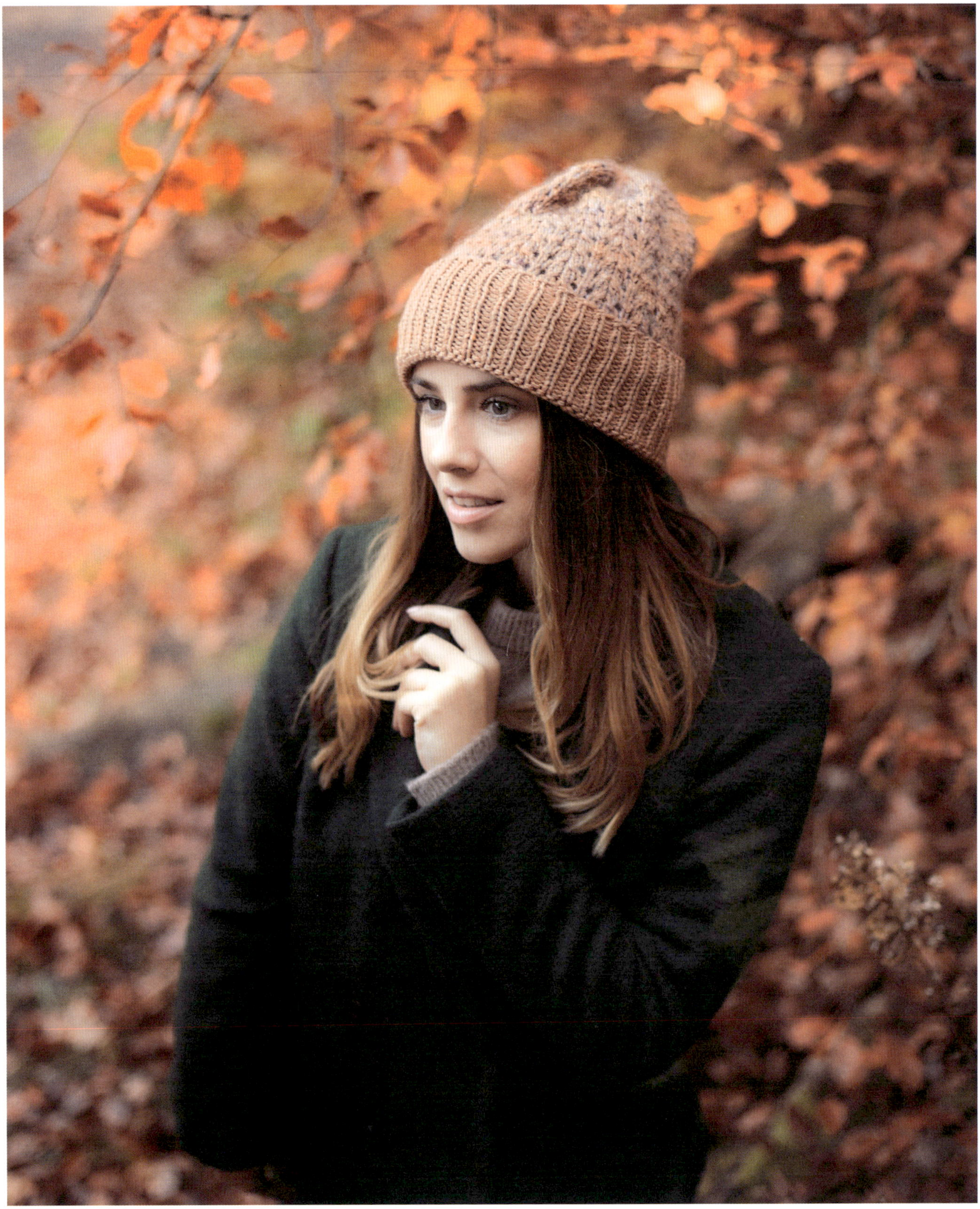

Mütze Alice

Größe: Kopfumfang 54-56 cm

Garn: Merino Yak von Regia Premium (58 % Wolle, 28 % Polyamid, 14 % Yak), 100 g/400 m, zweifädig und dreifädig und Kid Color von Lang Yarns (70 % Mohair, 30 % Seide), 230 m/25 g

Benötigte Menge: 2 x 50 g-Knäuel Merino Yak in Beige (Fb 7505) und 1 x 25-g Knäuel Kid Color in Farbe Gold/Lila (Fb 4)

Maschenprobe: 10 x 10 cm = 15 Maschen x 24 Reihen dreifädig in glatt rechts mit NS 4,5 mm gestrickt

Nadeln: Stricknadeln 4,5 mm bzw. die Größe, mit der die richtige Maschenprobe erreicht wird. Die Mütze lässt sich am einfachsten auf einem Nadelspiel in Runden stricken.

Verwendete Techniken: Lochmuster stricken

Strickschrift

Maschenrapport (5 M)					Runde
x	x	x	x	x	4.
x	x	x	x	x	3.
x	x	x	x	x	2.
<	U	x	U	>	1.

x = rechte Masche
< = 2 M rechts überzogen zusammenstricken*
> = 2 M rechts zusammenstricken
U = Umschlag

* Hebe eine M wie zum Rechtsstricken ab, stricke die nächste M rechts, ziehe die abgehobene M über die gestrickte M

3 MASCHEN ÜBERZOGEN ZUSAMMENSTRICKEN

Hebe zwei M wie zum Rechtsstricken ab, stricke die nächste M rechts, ziehe die beiden abgehobenen M über die gestrickte M.

Schriftliche Anleitung

Schlage zweifädig (2 Fäden Merino Yak) 80 M auf deinem 4,5 mm Nadelspiel an und schließe zur Runde.

TIPP: Nimm die Nadeln doppelt, damit der Anschlag locker wird.

Info: Angaben in *Sternen* werden bis zum Rundenende wiederholt.

1. - 21. Rd: *1 re, 1 li* (80 M).

Von nun an wird dreifädig (2 Fäden Merino Yak und 1 Faden Kid Color) gestrickt.

22. Rd: Alle M re stricken (80 M).
23. Rd: *2 M re zsm, 1 U, 1 re M, 1 U, 2 M re überzogen zsm* (80 M).
24. - 26. Rd: Alle M re stricken (80 M).

Wiederhole Runde 23 bis 26 noch 12-mal. Du hast nun insgesamt 74 Runden gestrickt. Es folgen die Abnahmerunden.

75. Rd: *2 M zsm, 1 re M, 2 M re überzogen zsm* (48 M).
76. - 77. Rd: Alle M re stricken (48 M).
78. Rd: *3 M re überzogen zsm, 3 re M* (32 M).
79. Rd: *1 re M, 3 M re überzogen zsm* (16 M).

Fertigstellung

Schneide den Faden circa 30 cm lang ab und führe ihn mit Hilfe einer Wollnadel durch alle Maschen. Lass diese von der Nadel fallen und zieh den Faden fest, bis das Loch geschlossen ist.

Damit dein Strickstück seine volle Schönheit entfalten kann, rate ich dir, die Stulpen nach der Fertigstellung in ein lauwarmes, 5-minütiges Wasserbad zu legen. Lass es anschließend im Liegen trocknen. Zusätzlich kannst du es noch leicht spannen, damit sich die Maschen gleichmäßig legen.

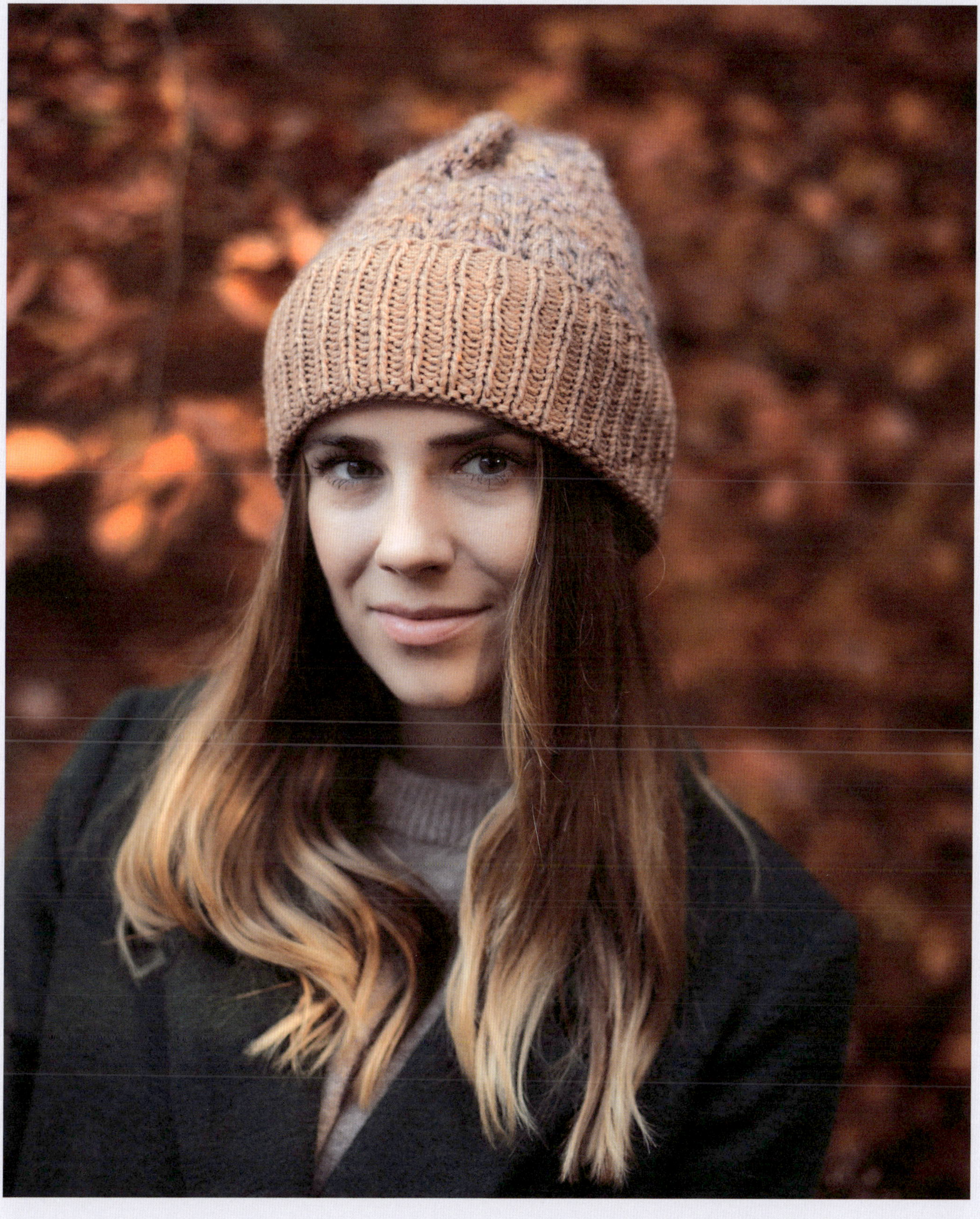

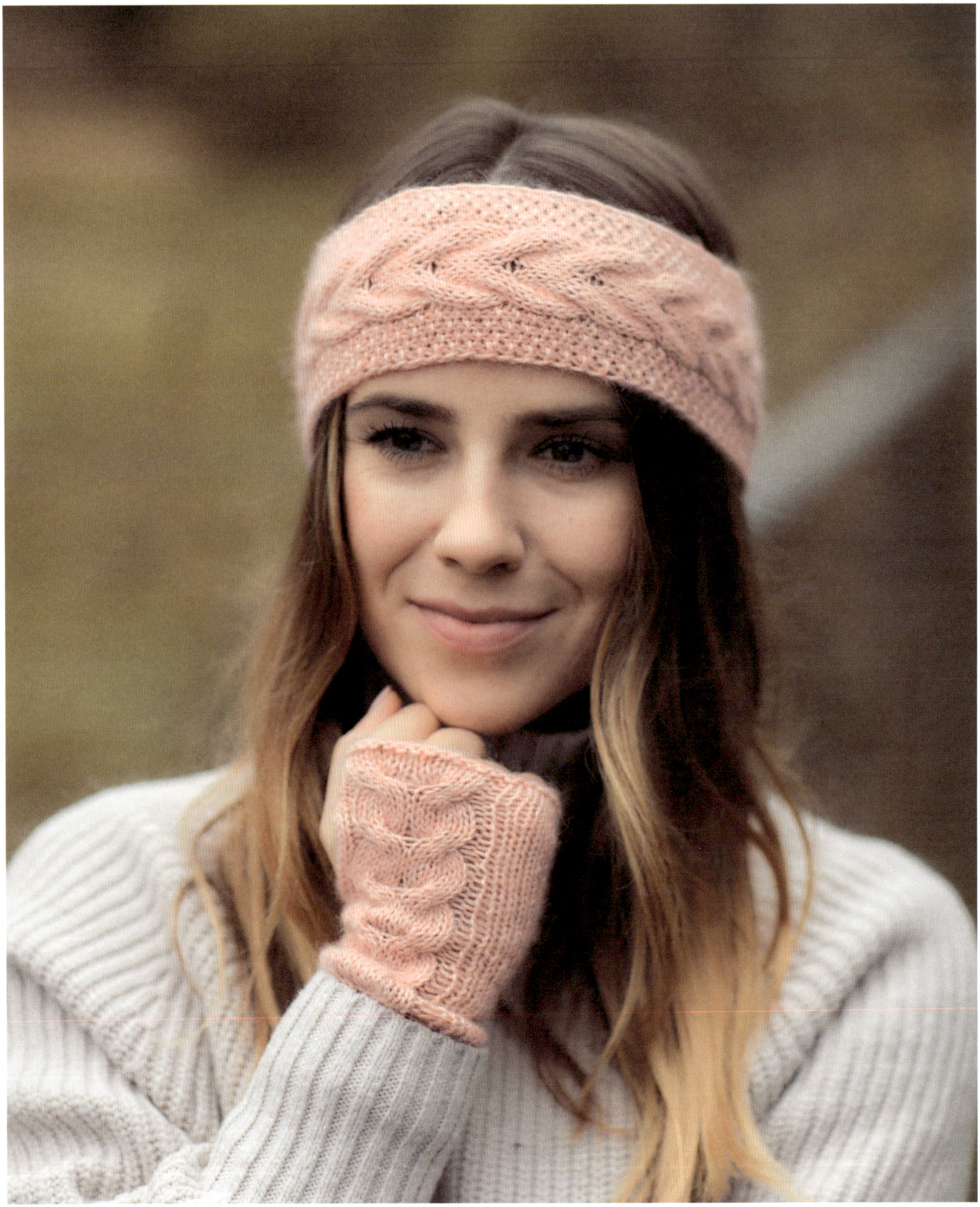

Handstulpen Lina

Größe: S: 15-17 cm, M: 17-19 cm, L: 19-21 cm (Aus einem Knäuel kannst du zwei Paar stricken.)

Garn: Ecopuno von Lana Grossa (72 % Baumwolle, 17 % Merino-Schurwolle, 11 % Babyalpaka), 215 m/50 g

Benötigte Menge: 1 x 50 g-Knäuel in Pfirsich (Fb 7)

Maschenprobe: 10 x 10 cm = 20 Maschen x 32 Reihen in glatt rechts mit NS 3,5 mm gestrickt

Nadeln: Stricknadeln 3,5 mm bzw. die Größe, mit der die richtige Maschenprobe erreicht wird. Die Handstulpen lassen sich am einfachsten auf einem Nadelspiel in Runden stricken.

Verwendete Techniken: Zopfmuster stricken

Strickschrift

Maschenrapport (14 M)														Runde
–	x	x	x	x	x	x	x	x	x	x	x	x	–	8.
–	x	x	x	x	x	x	x	x	x	x	x	x	–	7.
–	x	x	x	x	x	x	x	x	x	x	x	x	–	6.
–	x	x	x	x	x	x	x	x	x	x	x	x	–	5.
–	x	x	x	x	x	x	x	x	x	x	x	x	–	4.
–	x	x	x	x	x	x	x	x	x	x	x	x	–	3.
–	x	x	x	x	x	x	x	x	x	x	x	x	–	2.
–	x	x	x	x	x	x	x	x	x	x	x	x	–	1.

x = rechte Masche
- = linke Masche

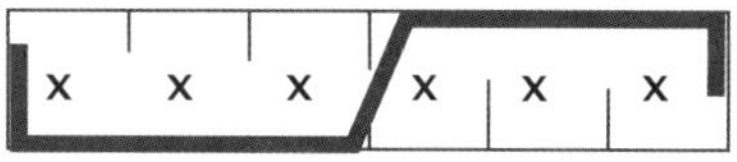

= 3 M auf einer Hilfsnadel hinter die Arbeit legen, 3 M rechts stricken, dann die 3 M von der Hilfsnadel rechts stricken.

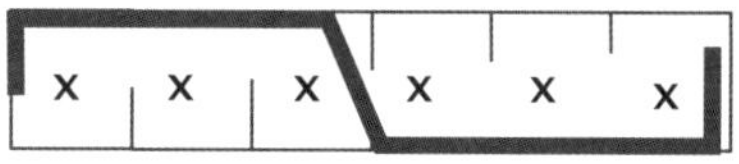

= 3 M auf einer Hilfsnadel vor die Arbeit legen, 3 M rechts stricken, dann die 3 M von der Hilfsnadel rechts stricken.

DER MASCHENRAPPORT IN RUNDEN

1., 2., 4., 5., 6., 7. und 8. Reihe: 1 li M, 12 re M, 1 li M (14 M).

3. Reihe: 1 li M, 3 M auf einer Hilfsnadel hinter die Arbeit legen, 3 re M, dann die 3 M von der Hilfsnadel stricken, 3 M auf einer Hilfsnadel vor die Arbeit legen, 3 re M, dann die 3 M von der Hilfsnadel re stricken, 1 li M (14 M).

Strickschrift

Maschenrapport (14 M) — Reihe

														Reihe
x	–	–	–	–	–	–	–	–	–	–	–	–	x	8.
–	x	x	x	x	x	x	x	x	x	x	x	x	–	7.
x	–	–	–	–	–	–	–	–	–	–	–	–	x	6.
–	x	x	x	x	x	x	x	x	x	x	x	x	–	5.
x	–	–	–	–	–	–	–	–	–	–	–	–	x	4.
–	x	x	x	x	x	x	x	x	x	x	x	x	–	3.
x	–	–	–	–	–	–	–	–	–	–	–	–	x	2.
–	x	x	x	x	x	x	x	x	x	x	x	x	–	1.

x = rechte Masche
- = linke Masche

DER MASCHENRAPPORT IN HIN- UND RÜCKREIHEN

1., 5 und 7. Reihe: 1 li M, 12 re M, 1 li M.
2., 4., 6. und 8. Reihe: 1 re M, 12 li M, 1 re M.

3. Reihe: 1 li M, 3 M auf einer Hilfsnadel hinter die Arbeit legen, 3 re M, dann die 3 M von der Hilfsnadel stricken, 3 M auf einer Hilfsnadel vor die Arbeit legen, 3 re M, dann die 3 M von der Hilfsnadel re stricken, 1 li M (14 M).

Schriftliche Anleitung

Hinweis: Die Angaben für die einzelnen Größen stehen in der schriftlichen Anleitung hintereinander und werden durch Bindestriche getrennt.

LINKE HANDSTULPE

Schlage 34-38-42 M auf deinem 3,5 mm Nadelspiel an und schließe zur Runde.

TIPP: Nimm die Nadeln doppelt, damit der Anschlag locker wird. Achte darauf, dass sich der Musterrapport auf einer Nadel befindet.

1. **Rd:** 3-5-7 re M, 1 li M, 12 re M, 1 li M, 17-19-21 re M (34-38-42 M).
2. **Rd:** 3-5-7 re M, 1 li M, 12 re M, 1 li M, 17-19-21 re M (34-38-42 M).
3. **Rd:** 3-5-7 re M, 1 li M, 3 M auf einer Hilfsnadel hinter die Arbeit legen, 3 re M, dann die 3 M von der Hilfsnadel stricken, 3 M auf einer Hilfsnadel die Arbeit legen, 3 re M, dann die 3 M von der Hilfsnadel re stricken, 1 li M, 17-19-21 re M (34-38-42 M).
4. **Rd:** 3-5-7 re M, 1 li M, 12 re M, 1 li M, 17-19-21 re M (34-38-42 M).
5. **Rd:** 3-5-7 re M, 1 li M, 12 re M, 1 li M, 17-19-21 re M (34-38-42 M).
6. **Rd:** 3-5-7 re M, 1 li M, 12 re M, 1 li M, 17-19-21 re M (34-38-42 M).
7. **Rd:** 3-5-7 re M, 1 li M, 12 re M, 1 li M, 17-19-21 re M (34-38-42 M).
8. **Rd:** 3-5-7 re M, 1 li M, 12 re M, 1 li M, 17-19-21 re M (34-38-42 M).

Wiederhole Rd 1 bis 8, bis du den Mustersatz insgesamt 5-mal gestrickt hast.

Die Runde wird geteilt, um das Daumenloch zu bilden. Stricke von nun an in Hin- und Rückreihen.

Wenn du kein Daumenloch haben möchtest, kannst du ganz normal in Runden weiterstricken, bis du Rd 1 bis 8 insgesamt 7-mal wiederholt hast.

Starte mit einer Hinreihe (glatt rechte Seite):
41. R (HR): 3-5-7 re M, 1 li M, 12 re M, 1 li M, 17-19-21 re M (34-38-42 M).

Drehe deine Arbeit um und stricke eine Rückreihe (42. R). *(Von nun an wird die Arbeit nach jeder Reihe gewendet, dies ist nicht mehr extra aufgeführt.)*

42. R (RR): 17-19-21 li M, 1 re M, 12 li M, 1 re M, 3-5-7 li M (34-38-42 M).
43. R (HR): 3-5-7 re M, 1 li M, 3 M auf einer Hilfsnadel hinter die Arbeit legen, 3 re M, dann die 3 M von der Hilfsnadel stricken, 3 M auf einer Hilfsnadel vor die Arbeit legen, 3 re M, dann die 3 M von der Hilfsnadel re stricken, 1 li M, 17-19-21 re M (34-38-42 M).
44. R (RR): 17-19-21 li M, 1 re M, 12 li M, 1 re M, 3-5-7 li M (34-38-42 M).
45. R (HR): 3-5-7 re M, 1 li M, 12 re M, 1 li M, 17-19-21 re M (34-38-42 M).
46. R (RR): 17-19-21 li M, 1 re M, 12 li M, 1 re M, 3-5-7 li M (34-38-42 M).
47. R (HR): 3-5-7 re M, 1 li M, 12 re M, 1 li M, 17-19-21 re M (34-38-42 M).
48. R (RR): 17-19-21 li M, 1 re M, 12 li M, 1 re M, 3-5-7 li M (34-38-42 M).

Wiederhole Reihe 41 bis 48 einmal.

Die Arbeit wird von nun an wieder in Runden gestrickt. Stricke wie in Runde 1 beschrieben und verbinde anschließend zur Runde. Achte darauf, dass kein Loch entsteht.
Fahre mit Runde 2 bis 7 fort. Stricke zum Abschluss eine Runde linker Maschen.
Kette alle M elastisch ab.

RECHTE HANDSTULPE

Schlage 34-38-42 M auf deinem 3,5 mm Nadelspiel an und schließe zur Runde.

TIPP: Nimm die Nadeln doppelt, damit der Anschlag locker wird. Achte darauf, dass sich der Musterrapport auf einer Nadel befindet.

1. **Rd:** 17-19-21 re M, 1 li M, 12 re M, 1 li M, 3-5-7 re M (34-38-42 M).
2. **Rd:** 17-19-21 re M, 1 li M, 12 re M, 1 li M, 3-5-7 re M (34-38-42 M).
3. **Rd:** 17-19-21 re M, 1 li M, 3 M auf einer Hilfsnadel hinter die Arbeit legen, 3 re M, dann die 3 M von der Hilfsnadel stricken, 3 M auf einer Hilfsnadel vor die Arbeit legen, 3 re M, dann die 3 M von der Hilfsnadel re stricken, 1 li M, 3-5-7 re M (34-38-42 M).
4. **Rd:** 17-19-21 re M, 1 li M, 12 re M, 1 li M, 3-5-7 re M (34-38-42 M).
5. **Rd:** 17-19-21 re M, 1 li M, 12 re M, 1 li M, 3-5-7 re M (34-38-42 M).
6. **Rd:** 17-19-21 re M, 1 li M, 12 re M, 1 li M, 3-5-7 re M (34-38-42 M).
7. **Rd:** 17-19-21 re M, 1 li M, 12 re M, 1 li M, 3-5-7 re M (34-38-42 M).
8. **Rd:** 17-19-21 re M, 1 li M, 12 re M, 1 li M, 3-5-7 re M (34-38-42 M).

Wiederhole Runde 1 bis 8, bis du den Mustersatz insgesamt 5-mal gestrickt hast.

Die Runde wird geteilt, um das Daumenloch zu bilden. Stricke von nun an in Hin- und Rückreihen.

Wenn du kein Daumenloch haben möchtest, kannst du ganz normal in Runden weiterstricken, bis du Runde 1 bis 8 insgesamt 7-mal wiederholt hast.

Starte mit einer Hinreihe (glatt rechte Seite).
41. R (HR): 17-19-21 re M, 1 li M, 12 re M, 1 li M, 3-5-7 re M (34-38-42 M).

Drehe deine Arbeit um und stricke eine Rückreihe (42. R). *(Von nun an wird die Arbeit nach jeder Reihe gewendet, dies ist nicht mehr extra aufgeführt.)*

42. R (RR): 3-5-7 li M, 1 re M, 12 li M, 1 re M, 17-19-31 M li (34-38-42 M).
43. R (HR): 17-19-21 re M, 1 li M, 3 M auf einer Hilfsnadel hinter die Arbeit legen, 3 re M, dann die 3 M von der Hilfsnadel stricken, 3 M auf einer Hilfsnadel vor die Arbeit legen, 3 re M, dann die 3 M von der Hilfsnadel re stricken, 1 li M, 3-5-7 re M (34-38-42 M).

44. R (RR): 3-5-7 li M, 1 re M, 12 li M, 1 re M, 17-19-31 M li (34-38-42 M).
45. R (HR): 17-19-21 re M, 1 li M, 12 re M, 1 li M, 3-5-7 re M (34-38-42 M).
46. R (RR): 3-5-7 li M, 1 re M, 12 li M, 1 re M, 17-19-31 M li (34-38-42 M).
47. R (HR): 17-19-21 re M, 1 li M, 12 re M, 1 li M, 3-5-7 re M (34-38-42 M).
48. R (RR): 3-5-7 li M, 1 re M, 12 li M, 1 re M, 17-19-31 M li (34-38-42 M).

Wiederhole Reihe 41 bis 48.

Fertigstellung

Die Arbeit wird von nun an wieder in Runden gestrickt. Stricke wie in Runde 1 beschrieben und verbinde anschließend zur Runde. Achte darauf, dass kein Loch entsteht.

Fahre mit Runde 2 bis 7 fort. Stricke zum Abschluss eine Runde nur linke Maschen.
Kette alle Maschen elastisch ab.

Damit dein Strickstück seine volle Schönheit entfalten kann, rate ich dir, die Stulpen nach der Fertigstellung in ein lauwarmes, 5-minütiges Wasserbad zu legen. Lass es anschließend im Liegen trocknen. Zusätzlich kannst du es noch leicht spannen, damit sich die Maschen gleichmäßig legen.

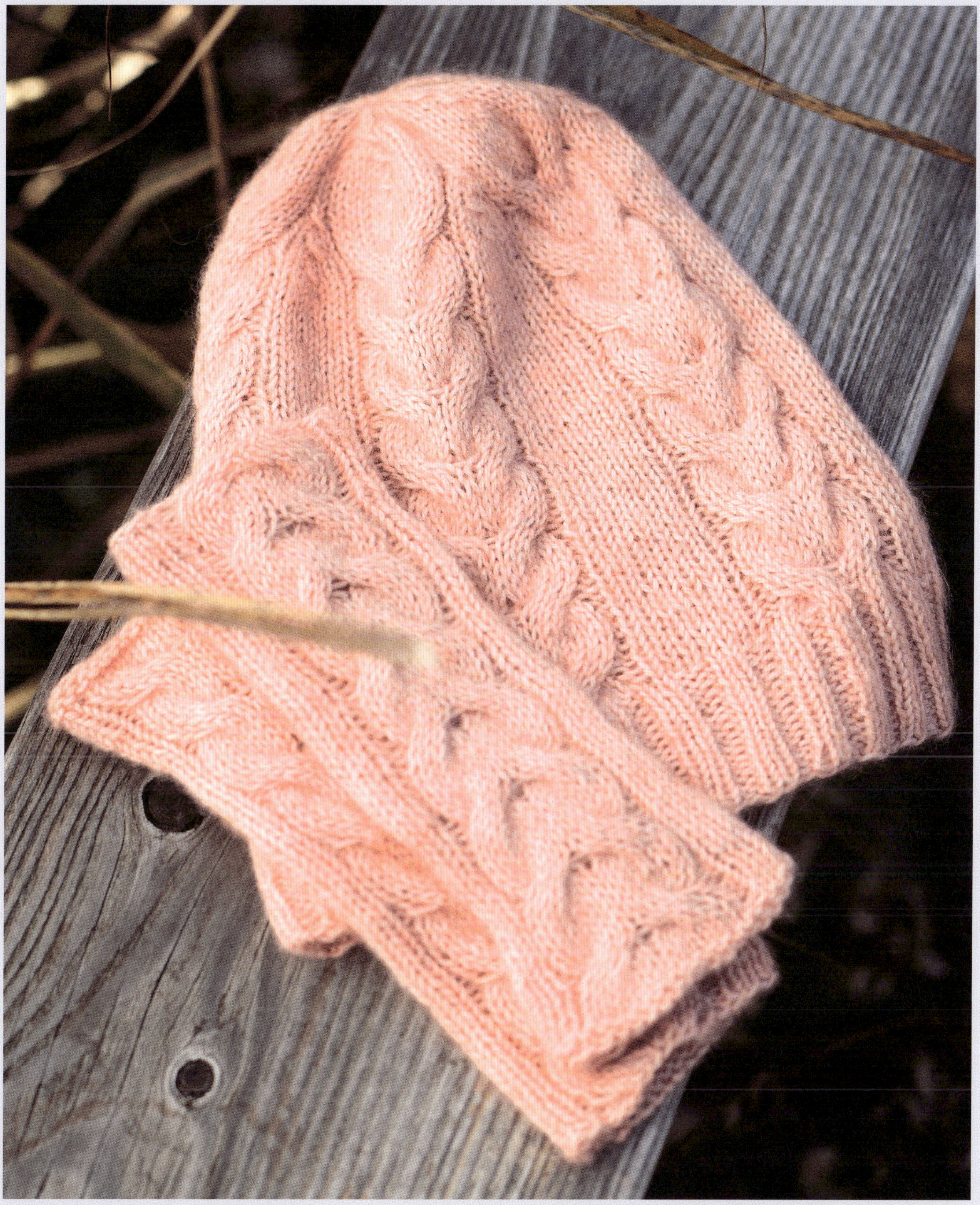

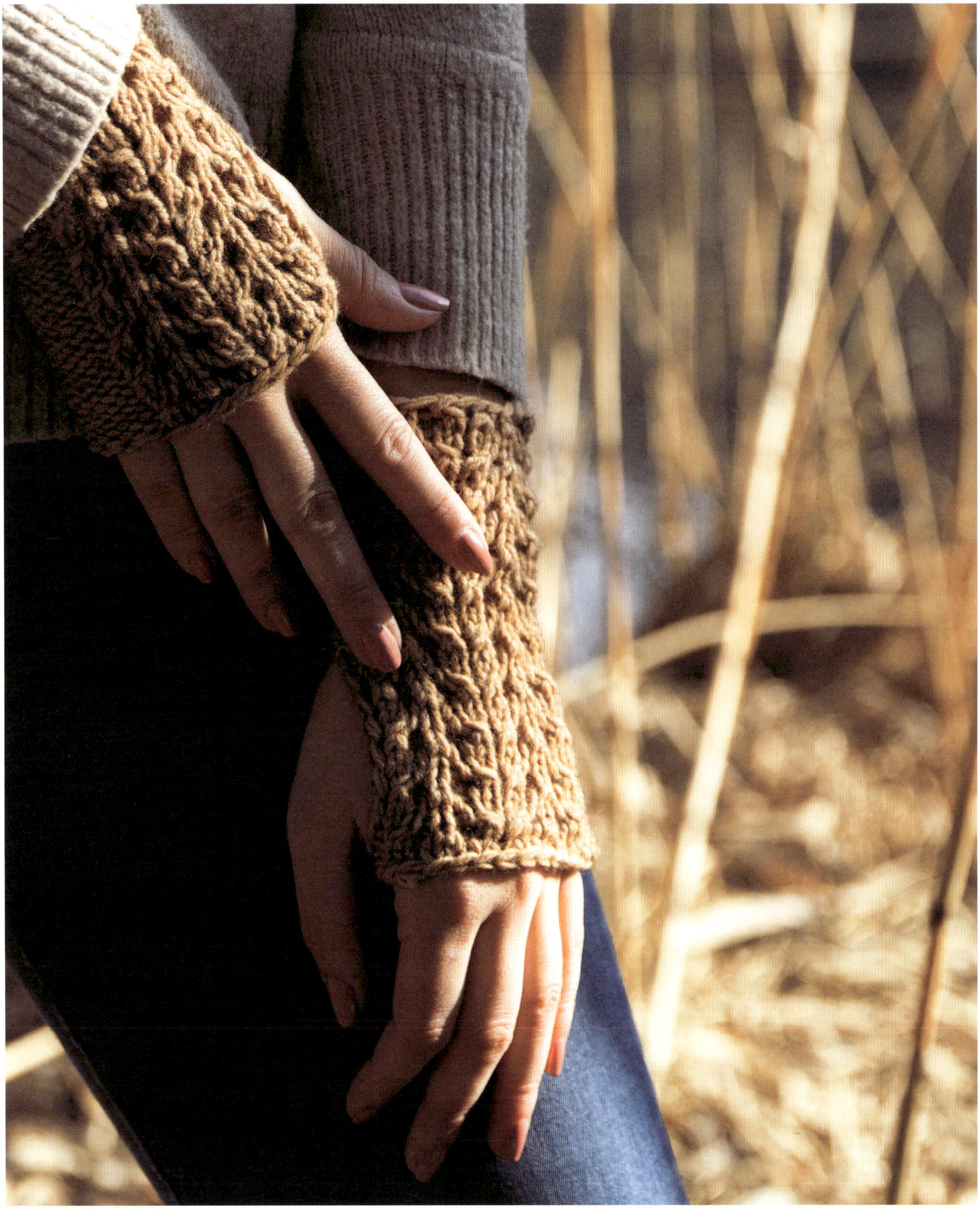

Handstulpen Alice

Größe: S: 15-17 cm, M: 17-19 cm, L: 19-21 cm

Garn: Merino Yak von Regia Premium (58 % Wolle, 28 % Polyamid, 14 % Yak), 100 g/400 m, zweifädig

Benötigte Menge: 1 x 50 g-Knäuel Merino Yak in Beige (Fb 7505)

Maschenprobe: 10 x 10 cm = 16 Maschen x 23 Reihen zweifädig in glatt rechts mit NS 4,5 mm gestrickt

Nadeln: Stricknadeln 4,5 mm bzw. die Größe, mit der die richtige Maschenprobe erreicht wird. Die Handstulpen lassen sich am einfachsten auf einem Nadelspiel in Runden stricken.

Verwendete Techniken: Lochmuster stricken

Strickschrift

Musterrapport in Runden (5 M)

x	x	x	x	x	4.
x	x	x	x	x	3.
x	x	x	x	x	2.
<	U	x	U	>	1.

Musterrapport in Reihen (5 M)

–	–	–	–	–	4.
x	x	x	x	x	3.
–	–	–	–	–	2.
<	U	x	U	>	1.

x = rechte Masche
- = linke Masche
< = 2 M rechts überzogen zusammenstricken*
> = 2 M rechts zusammenstricken
U = Umschlag

* Hebe eine M wie zum Rechtsstricken ab, stricke die nächste M rechts, ziehe die abgehobene M über die gestrickte M

DER MUSTERRAPPORT IN RUNDEN UND REIHEN

2 M re zsm, 1 U, 1 re M, 1 U, 2 M überzogen re zsm (5 M).

Schriftliche Anleitung

Die Angaben für die einzelnen Größen stehen in der schriftlichen Anleitung hintereinander und werden durch Bindestriche getrennt.

LINKE HANDSTULPE

Schlage 24-26-28 M zweifädig auf deinem 4,5 mm Nadelspiel an und schließe zur Runde.

TIPP: Nimm die Nadeln doppelt, damit der Anschlag locker wird. Achte darauf, dass sich der Musterrapport auf einer Nadel befindet.

1. **Rd:** 2-3-4 li M, 10-10-10 M re, 12-13-14 li M (24-26-28 M).
2. **Rd:** 2-3-4 li M, 2 M re zsm, 1 U, 1 re M, 1 U, 2 M überzogen re zsm, 2 M re zsm, 1 U, 1 re M, 1 U, 2 M überzogen re zsm, 12-13-14 li M (24-26-28 M).
3. **Rd:** 2-3-4 li M, 10-10-10 re M, 12-13-14 li M (24-26-28 M).
4. **Rd:** 2-3-4 li M, 10-10-10 re M, 12-13-14 li M (24-26-28 M).
5. **Rd:** 2-3-4 li M, 10-10-10 re M, 12-13-14 li M (24-26-28 M).

Wiederhole Runde 2 bis 5, bis du den Mustersatz insgesamt 5-mal gestrickt hast.

Die Runde wird geteilt, um das Daumenloch zu bilden. Stricke von nun an in Hin- und Rückreihen.

22. R (HR): 2-3-4 li M, 2 M re zsm, 1 U, 1 re M, 1 U, 2 M überzogen re zsm, 2 M re zsm, 1 U, 1 re M, 1 U, 2 M überzogen re zsm, 12-13-14 li M (24-26-28 M).

Drehe deine Arbeit um und stricke eine Rückreihe (R 23). *(Von nun an wird die Arbeit nach jeder Reihe gewendet, dies ist nicht mehr extra aufgeführt.)*

23. R (RR): 12-13-14 re M, 10-10-10 li M, 2-3-4 re M (24-26-28 M).
24. R (HR): 2-3-4 li M, 10-10-10 re M, 12-13-14 li M (24-26-28 M).
25. R (RR): 12-13-14 re M, 10-10-10 li M, 2-3-4 re M (24-26-28 M).

Wiederhole Reihe 22 bis 25, bis du den Mustersatz insgesamt 4-mal in Hin- und Rückreihen gestrickt hast.

Die Arbeit wird von nun an wieder in Runden gestrickt. Stricke wie in Runde 2 beschrieben und verbinde anschließend zur Runde. Achte darauf, dass kein Loch entsteht!

Stricke anschließend Runde 3 und 4 noch einmal. Kette alle M elastisch ab.

RECHTE HANDSTULPE

Schlage 24-26-28 M zweifädig auf deinem 4,5 mm Nadelspiel an und schließe zur Runde.

TIPP: Nimm die Nadeln doppelt, damit der Anschlag locker wird. Achte darauf, dass sich der Musterrapport auf einer Nadel befindet.

1. **Rd:** 12-13-14 li M, 10-10-10 M re, 2-3-4 li M (24-26-28 M).
2. **Rd:** 12-13-14 li M, 2 M re zsm, 1 U, 1 re M, 1 U, 2 M überzogen re zsm, 2 M re zsm, 1 U, 1 re M, 1 U, 2 M überzogen re zsm, 2-3-4 li M (24-26-28 M).
3. **Rd:** 12-13-14 li M, 10-10-10 M re, 2-3-4 li M (24-26-28 M).
4. **Rd:** 12-13-14 li M, 10-10-10 M re, 2-3-4 li M (24-26-28 M).
5. **Rd:** 12-13-14 li M, 10-10-10 M re, 2-3-4 li M (24-26-28 M).

Wiederhole Runde 2 bis 5, bis du den Mustersatz insgesamt 5-mal gestrickt hast.

Die Runde wird geteilt, um das Daumenloch zu bilden. Stricke von nun an in Hin- und_Rückreihen.

22. R (HR): 12-13-14 li M, 2 M re zsm, 1 U, 1 re M, 1 U, 2 M überzogen re zsm, 2 M re zsm, 2-3-4 li M (24-26-28 M).

Drehe deine Arbeit um und stricke eine Rückreihe (R 23). *(Von nun an wird die Arbeit nach jeder Reihe gewendet, dies ist nicht mehr extra aufgeführt.)*

23. R (RR): 2-3-4 re M, 10-10-10 li M, 12-13-14 re M (24-26-28 M).
24. R (HR): 12-13-14 li M, 10-10-10 re M, 2-3-4 li M (24-26-28 M).
25. R (RR): 2-3-4 re M, 10-10-10 li M, 12-13-14 re M (24-26-28 M).

Wiederhole Reihe 22 bis 25, bis du den Mustersatz insgesamt 4-mal in Hin- und Rückreihen gestrickt hast.

Die Arbeit wird von nun an wieder in Runden gestrickt. Stricke wie in Runde 2 beschrieben und verbinde anschließend zur Runde. Achte darauf, dass kein Loch entsteht!
Stricke anschließend Runde 3 und 4 noch einmal.

Kette alle M elastisch ab.

Damit dein Strickstück seine volle Schönheit entfalten kann, rate ich dir, die Stulpen nach der Fertigstellung in ein lauwarmes, 5-minütiges Wasserbad zu legen. Lass es anschließend im Liegen trocknen. Zusätzlich kannst du es noch leicht spannen, damit sich die Maschen gleichmäßig legen.

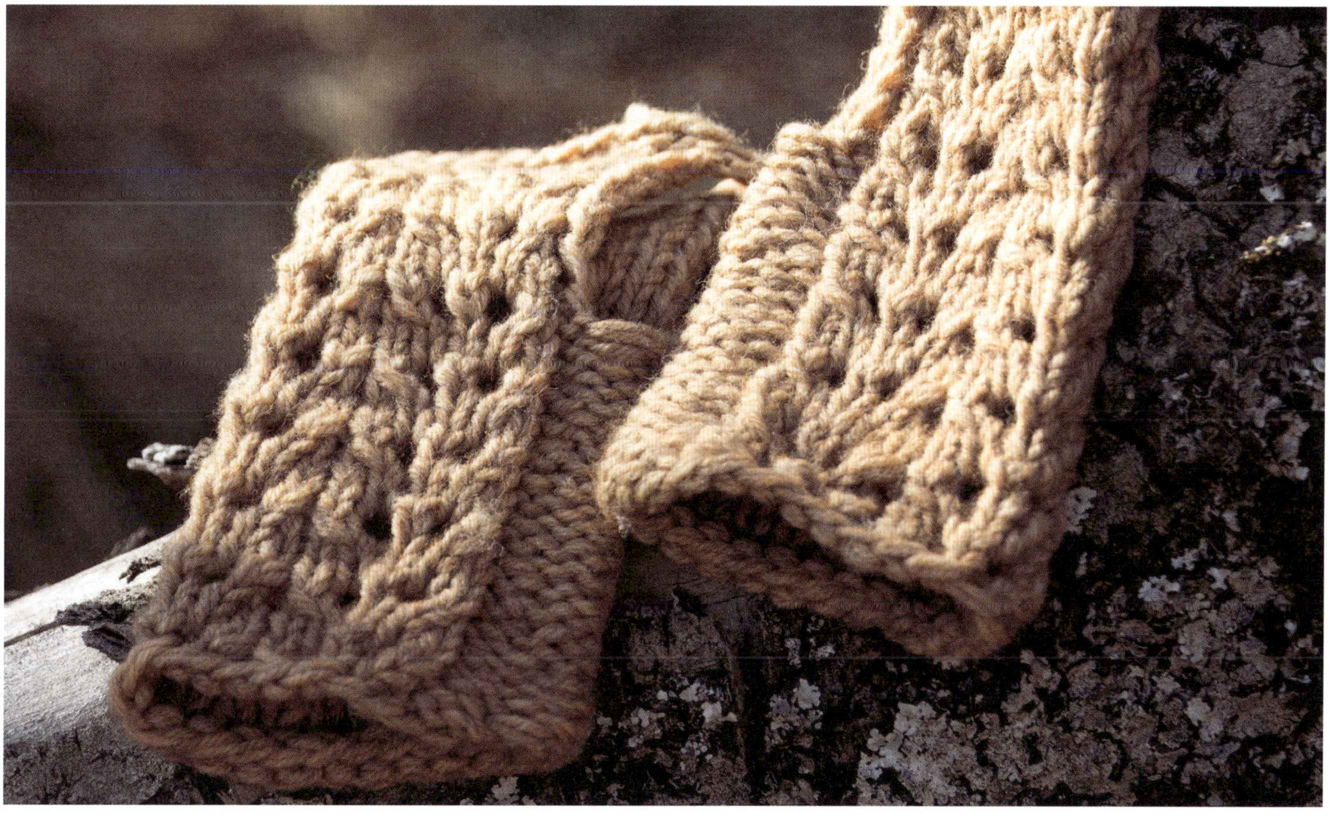

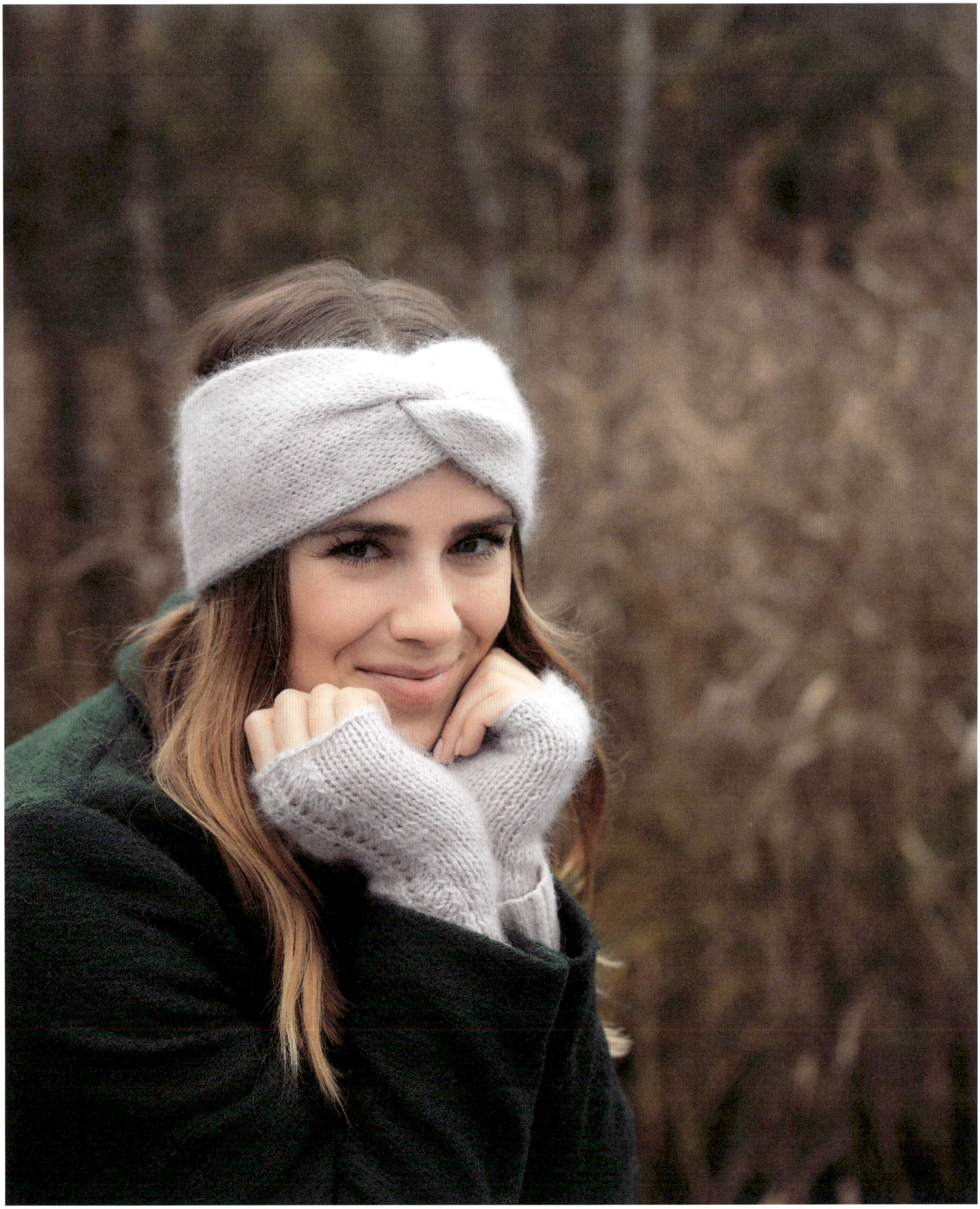

Handstulpen Amalia

Größe: S: 15-17 cm, M: 17-19 cm, L: 19-21 cm

Garn: Ecopuno von Lana Grossa (72 % Baumwolle, 17 % Merino-Schurwolle, 11 % Babyalpaka), 215 m/50 g, dreifädig und Lace von Lang Yarns (58 % Mohair Superkid, 42 % Seide), 310 m/25 g

Benötigte Menge: 1 x 50 g-Knäuel in Grège (Fb 18) und 2 x 25-g Knäuel in Rosa (Fb 9)

Maschenprobe: 10 x 10 cm = 15 Maschen x 25 Reihen dreifädig in glatt rechts mit NS 4,5 mm gestrickt

Nadeln: Stricknadeln 4,5 mm bzw. die Größe, mit der die richtige Maschenprobe erreicht wird. Die Handstulpen lassen sich am einfachsten auf einem Nadelspiel in Runden stricken.

Verwendete Techniken: Lochmuster stricken

Strickschrift

Maschenrapport (9 M)									Runde
>	x	x	U	x	U	x	x	<	1.

x = rechte Masche
< = 2 M rechts überzogen zusammenstricken*
> = 2 M rechts zusammenstricken
U = Umschlag

* Hebe eine M wie zum Rechtsstricken ab, stricke die nächste M rechts, ziehe die abgehobene M über die gestrickte M

DER MUSTERRAPPORT IN RUNDEN UND REIHEN

2 M re überzogen zsm stricken, 2 re M, 1 U, 1 re M, 1 U, 2 re M, 2 M re zsm stricken (9 M).

Schriftliche Anleitung

Die Angaben für die einzelnen Größen stehen in der schriftlichen Anleitung hintereinander und werden durch Bindestriche getrennt.

LINKE HANDSTULPE

Schlage 28-32-34 M dreifädig (1 Faden Ecopuno und 2 Fäden Lace) auf deinem 4,5 mm Nadelspiel an und schließe zur Runde.

TIPP: Nimm die Nadeln doppelt, damit der Anschlag locker wird. Achte darauf, dass sich der Musterrapport auf einer Nadel befindet.

1. **Rd:** Alle M re stricken (28-32-34 M).
2. **Rd:** 3-5-6 re M, 2 M re überzogen zsm stricken, 2 re M, 1 U, 1 re M, 1 U, 2 re M, 2 M re zsm, 16-18-19 M re (28-32-34 M).
3. **Rd:** Alle M re stricken (28-32-34 M).

Wiederhole Runden 2 und 3, bis du insgesamt 27 Runden gestrickt hast.

Die Runde wird geteilt, um das Daumenloch zu bilden. Stricke von nun an in Hin- und Rückreihen.

28. R (HR): 3-5-6 re M, 2 M re überzogen zsm stricken, 2 re M, 1 U, 1 re M, 1 U, 2 re M, 2 M re zsm, 16-18-19 M re (28-32-34 M).

Drehe deine Arbeit um und stricke eine Rückreihe (R 29). *(Von nun an wird die Arbeit nach jeder Reihe gewendet, dies ist nicht mehr extra aufgeführt.)*

29. R (RR): Alle M li stricken (28-32-34 M).

Wiederhole Reihe 28 und 29, bis du 14 Reihen in Hin- und Rückreihen gestrickt hast.

Die Arbeit wird von nun an wieder in Runden gestrickt. Stricke wie in Runde 2 beschrieben und verbinde anschließend zur Runde. Achte darauf, dass kein Loch entsteht!
Stricke anschließend abwechselnd Runde 3, 2, 3, 2, 3. Kette alle Maschen elastisch ab.

RECHTE HANDSTULPE

Schlage 28-32-34 M dreifädig (1 Faden Ecopuno und 2 Fäden Lace) auf deinem 4,5 mm Nadelspiel an und schließe zur Runde.

TIPP: Nimm die Nadeln doppelt, damit der Anschlag locker wird. Achte darauf, dass sich der Musterrapport auf einer Nadel befindet.

1. **Rd:** Alle M re stricken (28-32-34 M).
2. **Rd:** 16-18-19 re M, 2 M re überzogen zsm stricken, 2 re M, 1 U, 1 re M, 1 U, 2 re M, 2 M re zsm, 3-5-6 re M (28-32-34 M).
3. **Rd:** Alle M re stricken (28-32-34 M).

Wiederhole Runde 2 und 3, bis du insgesamt 27 Runden gestrickt hast.

Die Runde wird geteilt, um das Daumenloch zu bilden. Stricke von nun an in Hin- und Rückreihen.

28. R (HR): 16-18-19 re M, 2 M re überzogen zsm stricken, 2 re M, 1 U, 1 re M, 1 U, 2 re M, 2 M re zsm, 3-5-6 re M (28-32-34 M).

Drehe deine Arbeit um und stricke eine Rückreihe (R 29). *(Von nun an wird die Arbeit nach jeder Reihe gewendet, dies ist nicht mehr extra aufgeführt.)*

29. R (RR): Alle M li stricken (28-32-34 M).

Wiederhole Reihe 28 und 29, bis du 14 Reihen in Hin- und Rückreihen gestrickt hast.

Die Arbeit wird von nun an wieder in Runden gestrickt. Stricke wie in Runde 2 beschrieben und verbinde anschließend zur Runde. Achte darauf, dass kein Loch entsteht!
Stricke anschließend abwechselnd Rd 3, 2, 3, 2, 3.

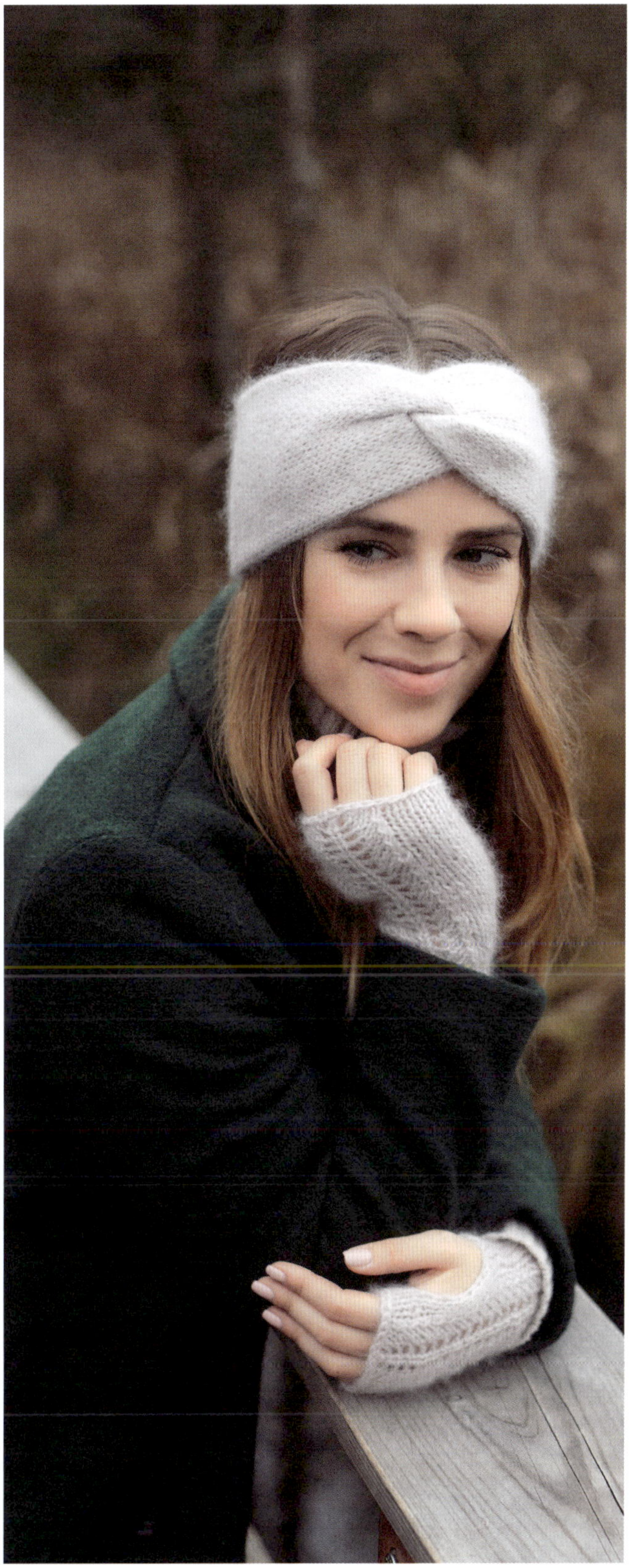

Fertigstellung

Kette alle M elastisch ab.

Damit dein Strickstück seine volle Schönheit entfalten kann, rate ich dir, die Stulpen nach der Fertigstellung in ein lauwarmes, 5-minütiges Wasserbad zu legen. Lass es anschließend im Liegen trocknen. Zusätzlich kannst du es noch leicht spannen, damit sich die Maschen gleichmäßig legen.

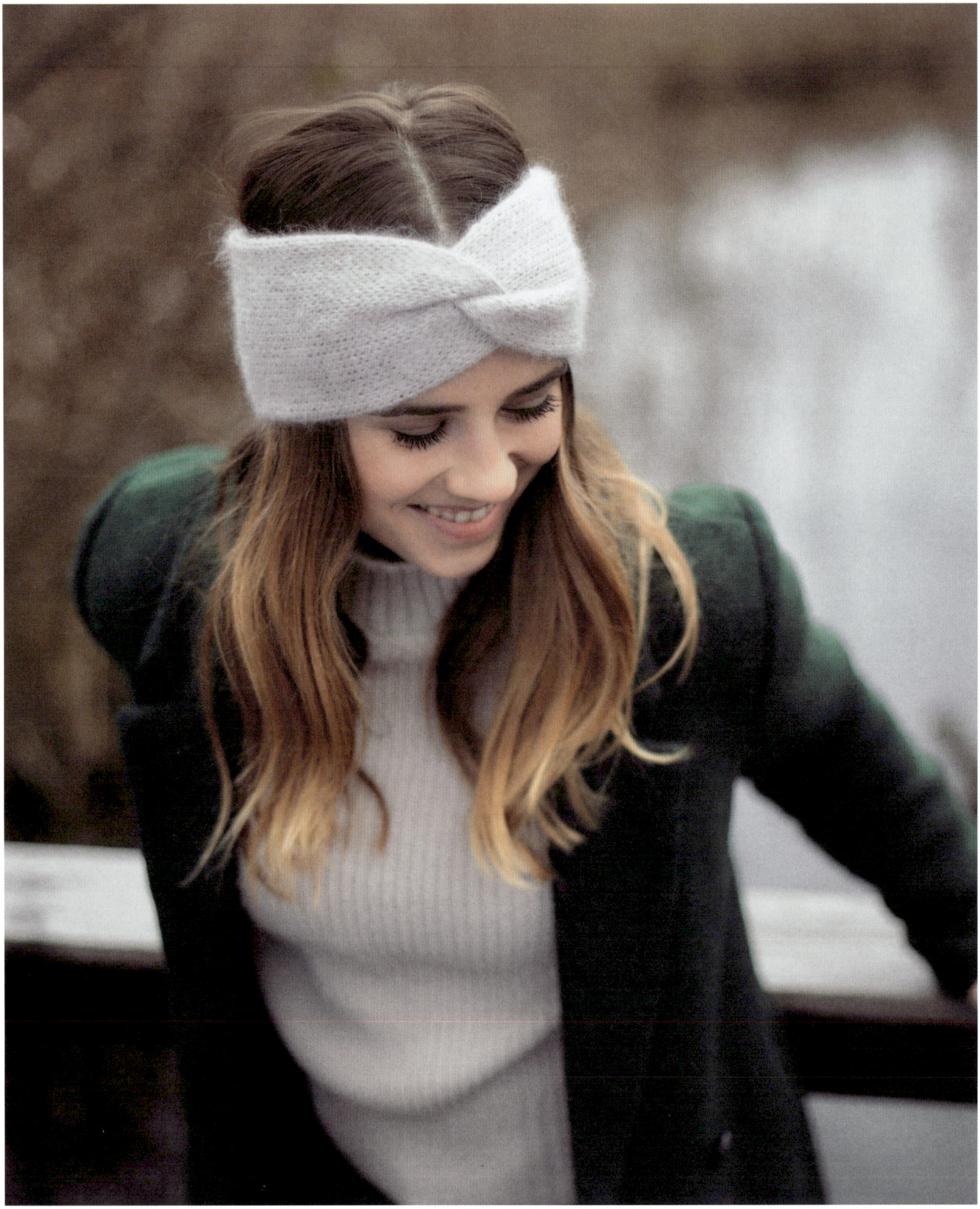

Stirnband Turba

Größe: **Kopfumfang 54-56 cm**

Garn: **Ecopuno von Lana Grossa (72 % Baumwolle, 17 % Merino-Schurwolle, 11 % Babyalpaka), 215 m/50 g, dreifädig und Lace von Lang Yarns (58 % Mohair Superkid, 42 % Seide), 310 m/25 g**

Benötigte Menge: **1 x 50 g-Knäuel in Grège (Fb 18) und 2 x 25-g Knäuel in Rosa (Fb 9)**

Maschenprobe: **10 x 10 cm = 15 Maschen x 25 Reihen dreifädig in glatt rechts mit NS 4,5 mm gestrickt**

Nadeln: **Stricknadeln 4,5 mm bzw. die Größe, mit der die richtige Maschenprobe erreicht wird. Das Stirnband lässt sich am einfachsten auf einem Nadelspiel in Runden stricken.**

Verwendete Techniken: **rechte Maschen stricken**

Schriftliche Anleitung

Hinweis: Die Angaben für die einzelnen Größen stehen in der schriftlichen Anleitung hintereinander und werden durch Bindestriche getrennt.

Schlage 45 M dreifädig (1 Faden Ecopuno, 2 Fäden Lace) auf deinem 4,5 mm Nadelspiel an und schließe zur Runde.

TIPP: Nimm die Nadeln doppelt, damit der Anschlag locker wird.

Info: Angaben in *Sternen* werden bis zum Rundenende wiederholt.

Stricke in jeder Runde alle Maschen rechts, bis dein Schlauch eine Länge von 46-47-48 cm erreicht hat.

Fertigstellung

Kette alle Maschen elastisch ab.

Schneide die Fäden circa 1 m lang ab, diese verwenden wir gleich noch zum Vernähen. Nähe das Stirnband wie in der Grafik gezeigt zusammen.

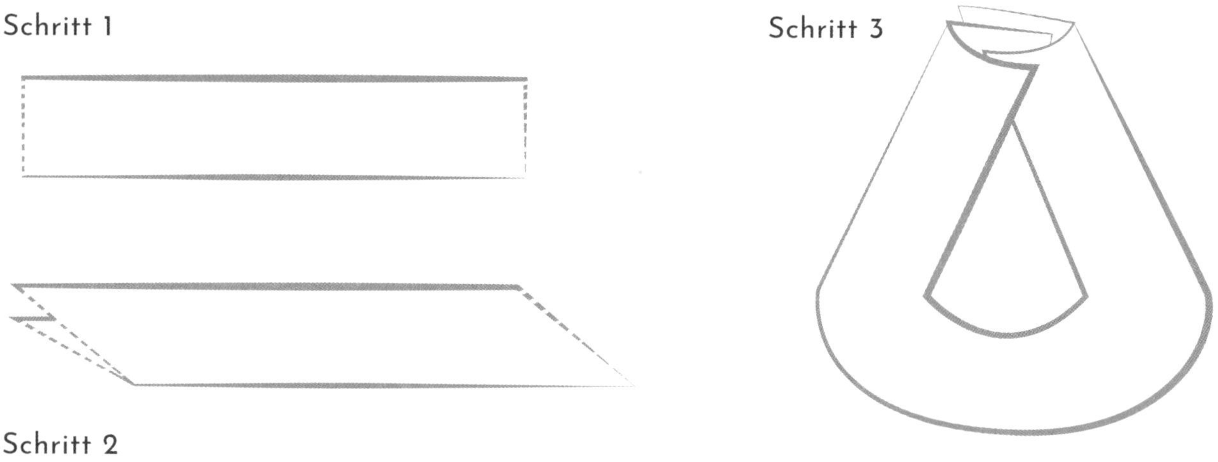

Zusammennähen

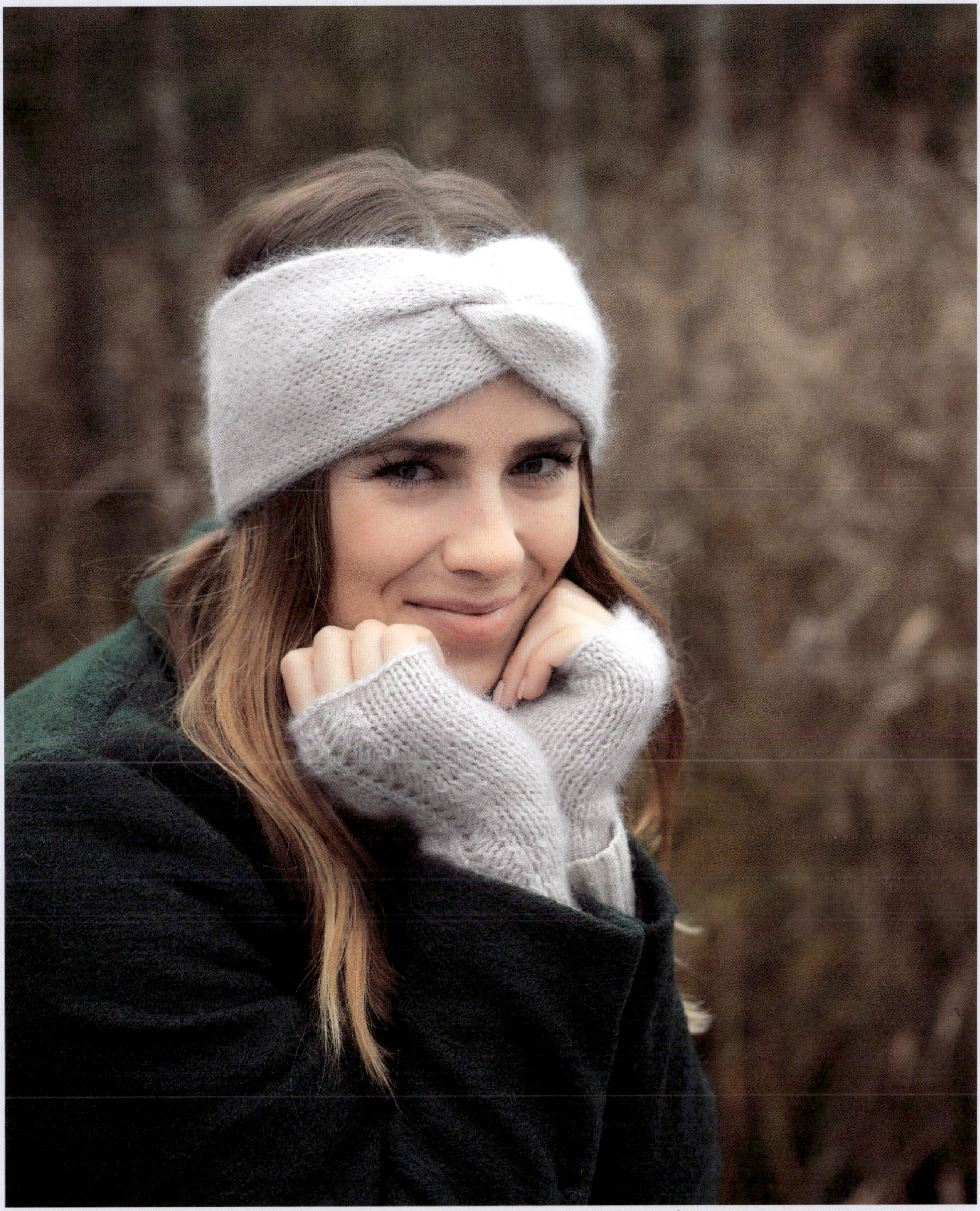

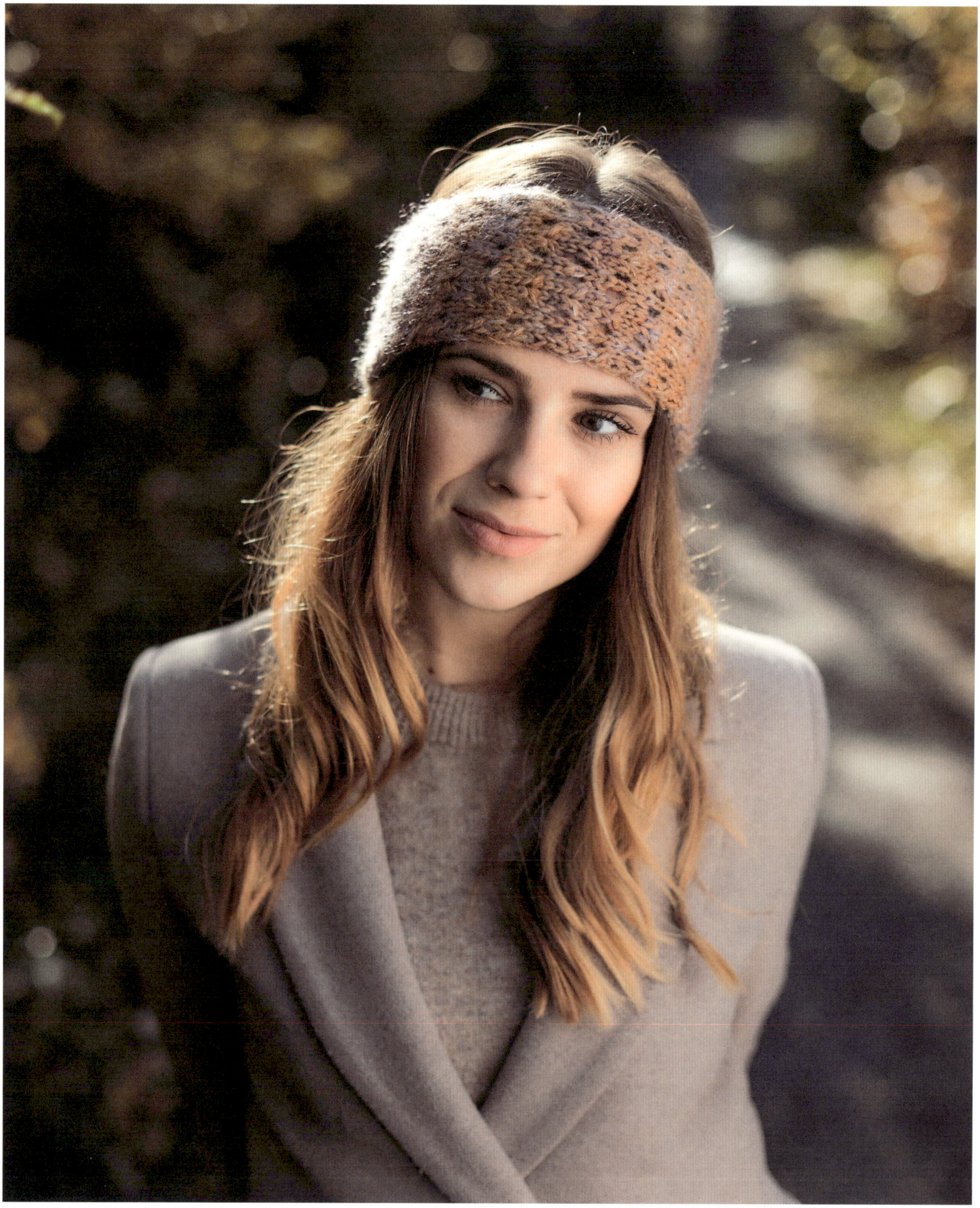

Stirnband Alice

Größe: Kopfumfang 54-56 cm

Garn: Merino Yak von Regia Premium (58 % Wolle, 28 % Polyamid, 14 % Yak), 100 g/400 m, dreifädig und Kid Color von Lang Yarns (70 % Mohair, 30 % Seide), 230 m/25 g

Benötigte Menge: 2 x 50 g-Knäuel Merino Yak in Beige (Fb 7505) und 1 x 25-g Knäuel Kid Color in Farbe Gold/Lila (Fb 4)

Maschenprobe: 10 x 10 cm = 15 Maschen x 24 Reihen dreifädig (2 Fäden Merino Yak und 1 Faden Kid Color) in glatt rechts mit NS 4,5 mm gestrickt

Nadeln: Stricknadeln 4,5 mm bzw. die Größe, mit der die richtige Maschenprobe erreicht wird. Das Stirnband lässt sich am einfachsten auf 2 Nadeln eines Nadelspiels in Reihen stricken.

Verwendete Techniken: Lochmuster stricken

Strickschrift

	Maschenapport (5 M)						Reihe
RM	–	–	–	–	–	RM	4.
RM	x	x	x	x	x	RM	3.
RM	–	–	–	–	–	RM	2.
RM	<	U	x	U	>	RM	1.

x = rechte Masche
- = linke Masche
< = 2 M rechts überzogen zusammenstricken*
> = 2 M rechts zusammenstricken
U = Umschlag

* Hebe eine M wie zum Rechtsstricken ab, stricke die nächste M rechts, ziehe die abgehobene M über die gestrickte M

3 MASCHEN ÜBERZOGEN ZUSAMMENSTRICKEN

Hebe zwei M wie zum Rechtsstricken ab, stricke die nächste M rechts, ziehe die beiden abgehobenen M über die gestrickte M.

RANDMASCHEN

Jede Reihe beginnt und endet mit einer Randmasche. Die 1. Masche wird in jeder Hin- und Rückreihe wie zum Linksstricken, mit dem Faden vor der Arbeit, abgehoben (nicht gestrickt), die letzte Randmasche wird rechts gestrickt.

Schriftliche Anleitung

Schlage dreifädig (2 Fäden Merino Yak und 1 Faden Kid Color) 17 M auf deinen 4,5 mm Nadeln an.

TIPP: Nimm die Nadeln doppelt, damit der Anschlag locker wird.

(Angaben in *Sternen* werden bis zum Reihenende wiederholt.)

1. **R (HR):** 1 RM, 15 re M, 1 RM (17 M).
2. **R (RR):** 1 RM, 15 li M, 1 RM (17 M).
3. **R (HR):** 1 RM, *2 M re zsm, 1 U, 1 re M, 1 U, 2 M überzogen zsm*, 1 RM (17 M).
4. **R (RR):** 1 RM, 15 li M, 1 RM (17 M).
5. **R (HR):** 1 RM, 15 re M, 1 RM (17 M).
6. **R (RR):** 1 RM, 15 li M, 1 RM (17 M).

Wiederhole Reihe 2 bis 5, bis du den Mustersatz insgesamt 28-mal gestrickt hast.

Fertigstellung

Alle M abketten und den Endfaden lang abschneiden. Dieser wird anschließend zum Vernähen genutzt.
Den Anfang und das Ende des Stirnbands mit dem Maschenstich zusammennähen.

Damit dein Strickstück seine volle Schönheit entfalten kann, rate ich dir, das Stirnband nach der Fertigstellung in ein lauwarmes, 5-minütiges Wasserbad zu legen. Lass es anschließend im Liegen trocknen. Zusätzlich kannst du es noch leicht spannen, damit sich die Maschen gleichmäßig legen.

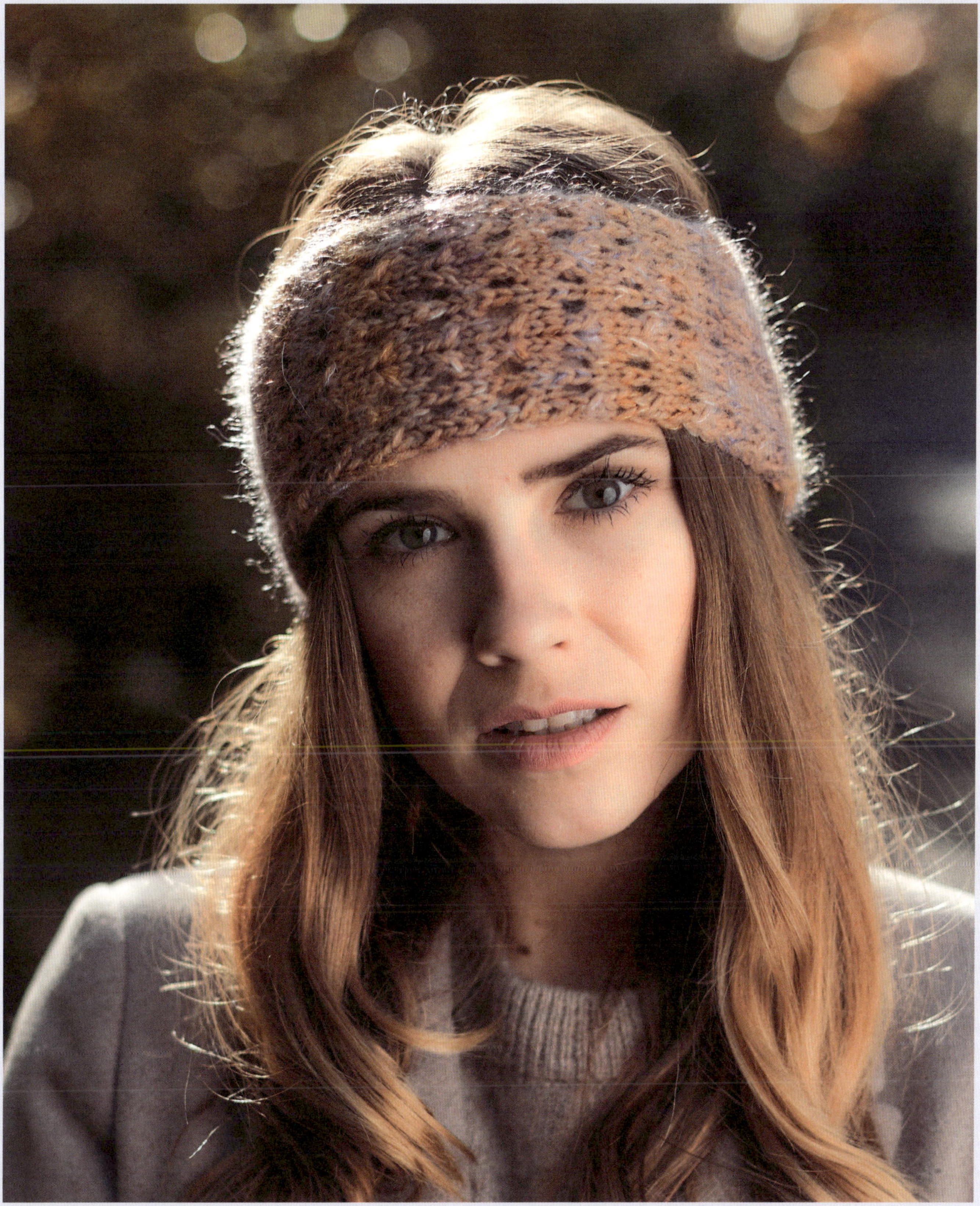

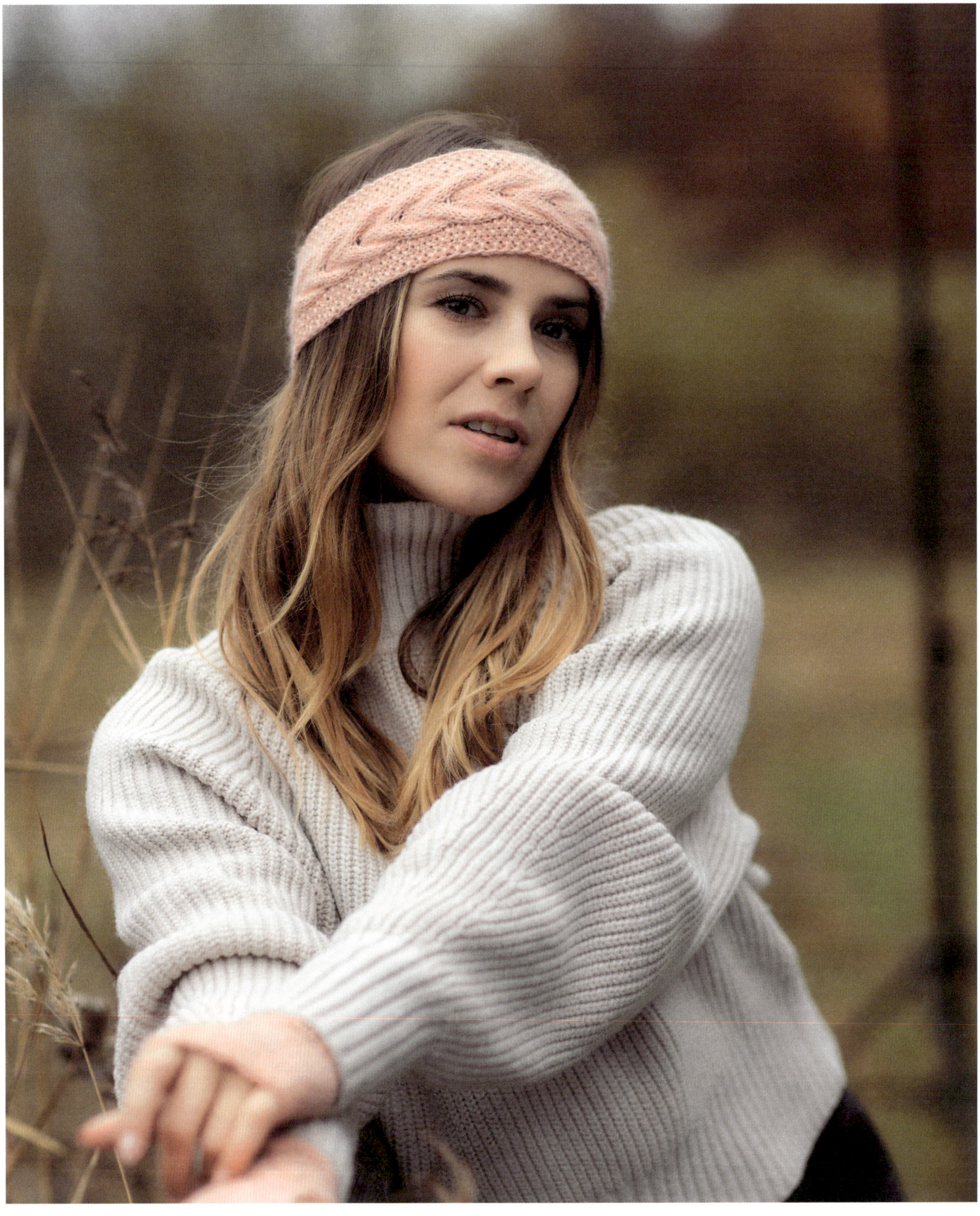

Stirnband Lina

Größe: Kopfumfang 54-56 cm

Garn: Ecopuno von Lana Grossa (72 % Baumwolle, 17 % Merino-Schurwolle, 11 % Babyalpaka), 215 m/50 g

Benötigte Menge: 1 x 50 g-Knäuel Ecopuno in Pfirsich (Fb 7)

Maschenprobe: 10 x 10 cm = 20 Maschen x 32 Reihen dreifädig in glatt rechts mit NS 3,5 mm gestrickt

Nadeln: Stricknadeln 3,5 mm bzw. die Größe, mit der die richtige Maschenprobe erreicht wird. Das Stirnband lässt sich am einfachsten auf 2 Nadeln eines Nadelspiels in Reihen stricken.

Verwendete Techniken: Zopfmuster stricken

Strickschrift

Maschenrapport Doppelter Zopf (14 M)

														Reihe
x	—	—	—	—	—	—	—	—	—	—	—	—	x	8.
—	x	x	x	x	x	x	x	x	x	x	x	x	—	7.
x	—	—	—	—	—	—	—	—	—	—	—	—	x	6.
—	x	x	x	x	x	x	x	x	x	x	x	x	—	5.
x	—	—	—	—	—	—	—	—	—	—	—	—	x	4.
—	x	x	x	x	x	x	x	x	x	x	x	x	—	3.
x	—	—	—	—	—	—	—	—	—	—	—	—	x	2.
—	x	x	x	x	x	x	x	x	x	x	x	x	—	1.

x = rechte Masche
- = linke Masche

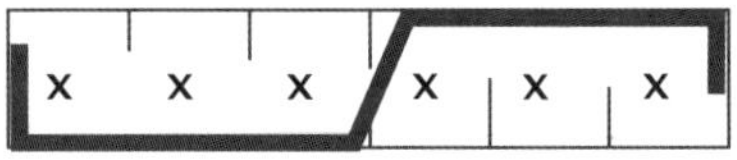

= 3 M auf einer Hilfsnadel hinter die Arbeit legen, 3 M rechts stricken, dann die 3 M von der Hilfsnadel rechts stricken.

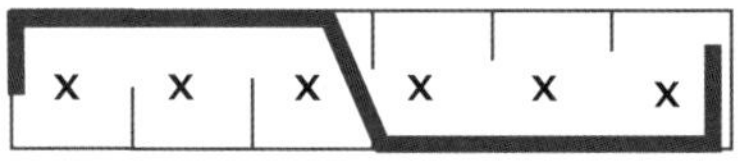

= 3 M auf einer Hilfsnadel vor die Arbeit legen, 3 M rechts stricken, dann die 3 M von der Hilfsnadel rechts stricken.

RAPPORT IN HIN- UND RÜCKREIHEN

1., 5 und 7. Reihe: 1 li M, 12 re M, 1 li M.
2., 4., 6. und 8. Reihe: 1 re M, 12 li M, 1 re M.

3. Reihe: 1 li M, 3 M auf einer Hilfsnadel hinter die Arbeit legen, 3 re M, dann die 3 M von der Hilfsnadel stricken, 3 M auf einer Hilfsnadel vor die Arbeit legen, 3 re M, dann die 3 M von der Hilfsnadel re stricken, 1 li M (14 M).

RANDMASCHEN

Jede Reihe beginnt und endet mit einer Randmasche (RM). Die 1. Masche wird in jeder Hin- und Rückreihe wie zum Linksstricken, mit dem Faden vor der Arbeit, abgehoben (nicht gestrickt), die letzte Randmasche wird rechts gestrickt.

Schriftliche Anleitung

Schlage 24 M auf deinen 3,5 mm Nadeln an.

TIPP: Nimm die Nadeln doppelt, damit der Anschlag locker wird.

1. **R (HR):** 1 RM, 1 re M, 1 li M, 1 re M, 2 li M, 12 re M, 2 li M, 1 re M, 1 li M, 1 re M, 1 RM (24 M).
2. **R (RR):** 1 RM, 1 re M, 1 li M, 1 re M, 1 li M, 1 re M, 12 li M, 1 re M, 1 li M, 1 re M, 1 li M, 1 re M, 1 RM (24 M).
3. **R (HR):** 1 RM, 1 re M, 1 li M, 1 re M, 2 li M, 3 M auf einer Hilfsnadel **hinter** die Arbeit legen, 3 re M, dann die 3 M von der Hilfsnadel stricken, 3 M auf einer Hilfsnadel **vor** die Arbeit legen, 3 re M, dann die 3 M von der Hilfsnadel re stricken, 2 li M, 1 re M, 1 li M, 1 re M, 1 li M (24 M).
4. **R (RR):** 1 RM, 1 re M, 1 li M, 1 re M, 1 li M, 1 re M, 12 li M, 1 re M, 1 li M, 1 re M, 1 li M, 1 re M, 1 RM (24 M).

5. **R (HR):** 1 RM, 1 re M, 1 li M, 1 re M, 2 li M, 12 re M, 2 li M, 1 re M, 1 li M, 1 re M, 1 RM (24 M).
6. **R (RR):** 1 RM, 1 re M, 1 li M, 1 re M, 1 li M, 1 re M, 12 li M, 1 re M, 1 li M, 1 re M, 1 li M, 1 re M, 1 RM (24 M).
7. **R (HR):** 1 RM, 1 re M, 1 li M, 1 re M, 2 li M, 12 re M, 2 li M, 1 re M, 1 li M, 1 re M, 1 RM (24 M).
8. **R (RR):** 1 RM, 1 re M, 1 li M, 1 re M, 1 li M, 1 re M, 12 li M, 1 re M, 1 li M, 1 re M, 1 li M, 1 re M, 1 RM (24 M).

Reihe 1 bis 8 wiederholen, bis du den Mustersatz insgesamt 19-mal gestrickt hast (Das Band sollte circa 47 cm lang sein).

Fertigstellung

Alle Maschen abketten und den Endfaden lang abschneiden. Dieser wird anschließend zum Vernähen genutzt.

Den Anfang und das Ende des Stirnbands mit dem Maschenstich zusammennähen.
Damit dein Strickstück seine volle Schönheit entfalten kann, rate ich dir, das Stirnband nach der Fertigstellung in ein lauwarmes, 5-minütiges Wasserbad zu legen. Lass es anschließend im Liegen trocknen. Zusätzlich kannst du es noch leicht spannen, damit sich die Maschen gleichmäßig legen.

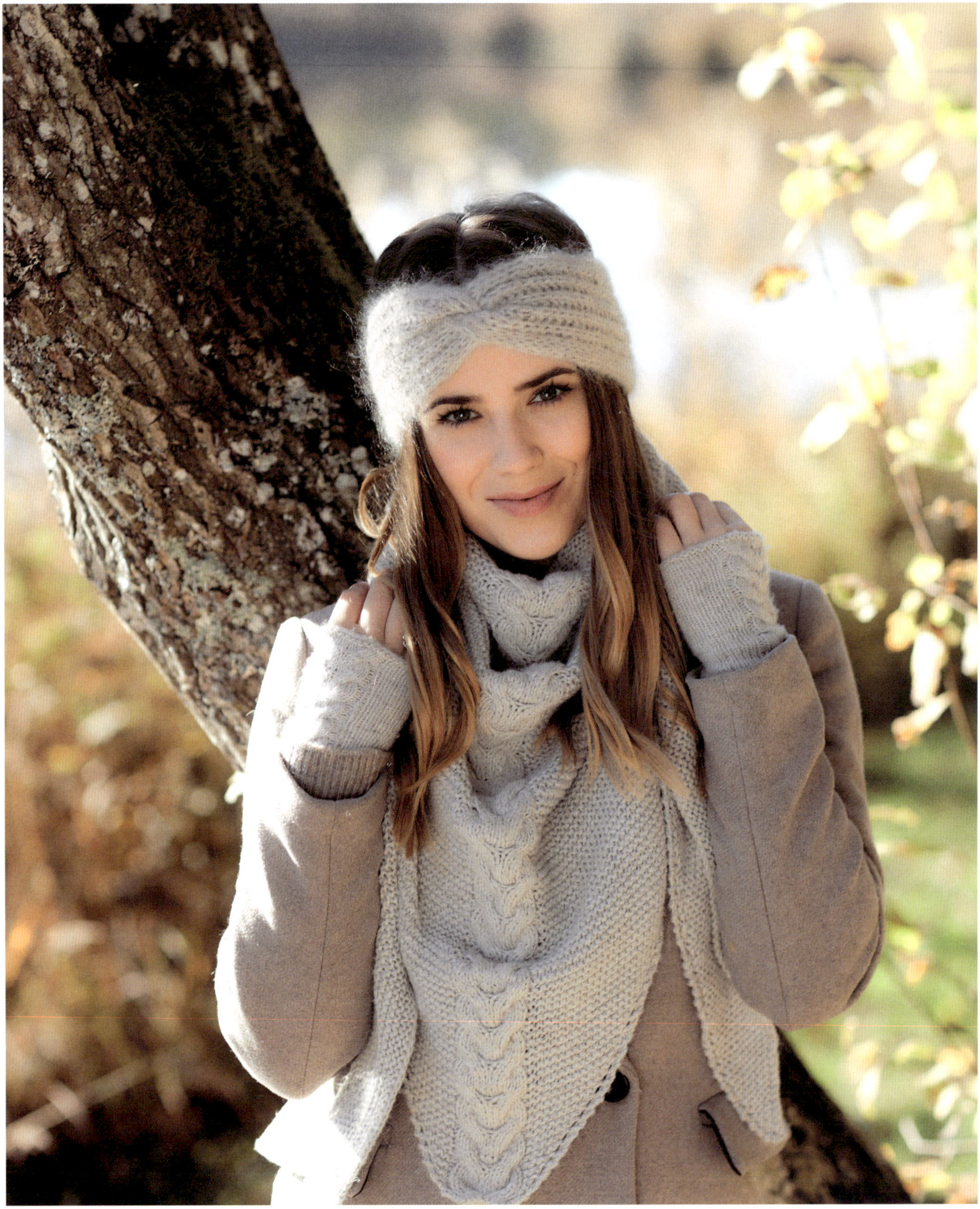

Stirnband Dreams

Größe: Kopfumfang 54-56 cm

Garn: Ecopuno von Lana Grossa (72 % Baumwolle, 17 % Merino-Schurwolle, 11 % Babyalpaka), 215 m/50 g, zweifädig und Brigitte No. 3, Lana Grossa (40 % Mohair, 37 % Schurwolle, 23 % Polyamid), 100 m/25 g

Benötigte Menge: 1 x 50 g-Knäuel Ecopuno in Grège (Fb 18) und 1 x 25-g Knäuel Brigitte No. 3 in Beige (Fb 18)

Maschenprobe: 10 x 10 cm = 14 Maschen x 17 Reihen zweifädig (1 Faden Ecopuno und 1 Faden Brigitte No. 3) im Patentmuster mit NS 4,5 mm gestrickt

Nadeln: Stricknadeln 4,5 mm bzw. die Größe, mit der die richtige Maschenprobe erreicht wird. Das Stirnband lässt sich am einfachsten auf 2 Nadeln eines Nadelspiels in Reihen stricken.

Verwendete Techniken: Patentmuster stricken

RANDMASCHEN

Außer der ersten und der letzten Reihe, gibt es zu Beginn und Ende jeder Reihe 4 Randmaschen.

Diese werden wie folgt gestrickt:
Die erste Masche jeder Reihe immer wie zum Linksstricken abheben (ohne sie zu stricken), die letzte Masche immer rechts stricken.
Bei den Maschen 2, 3 und 4, sowie 16, 17 und 18 werden in jeder Reihe rechte Maschen rechts gestrickt und alle linken Maschen wie zum Linksstricken mit dem Faden vor der Arbeit abgehoben.

Die restlichen Maschen werden im Vollpatent gestrickt.

Schriftliche Anleitung

Schlage 19 M auf deinen 4,5 mm Nadeln an.

TIPP: Nimm die Nadeln doppelt, damit der Anschlag locker wird.

Info: Angaben in *Sternen* werden bis zum Rundenende wiederholt.

1. **R (HR):** *1 re M, 1 li M*, 1 re M (19 M).
2. **R (RR):** 4 RM, * li M wie zum Linksstricken mit U abheben, 1 re M*, 1 li M wie zum Linksstricken mit U abheben, 4 RM (19 M).
3. **R (HR):** 4 RM, *re M mit U abstricken, li M wie zum Linksstricken mit U abheben*, re M mit U abstricken, 4 RM (19 M).

Wiederhole Reihe 2 und 3, bis das Stirnband im liegenden Zustand 49-50 cm lang ist.

Anschließend eine Abschlussreihe ohne Randmaschen wie folgt stricken:

Abschlussreihe: *1 re, 1 li*, 1 re (24 M).

Fertigstellung

Kette alle M elastisch ab.

Schneide die Fäden circa 1 m lang ab, diese verwenden wir gleich noch zum Vernähen. Nähe das Stirnband wie in der Grafik gezeigt zusammen.

Damit dein Strickstück seine volle Schönheit entfalten kann, rate ich dir, das Stirnband nach der Fertigstellung in ein lauwarmes, 5-minütiges Wasserbad zu legen. Lass es anschließend im Liegen trocknen. Zusätzlich kannst du es noch leicht spannen, damit sich die Maschen gleichmäßig legen.

Schritt 1

Schritt 2

Zusammennähen

Schritt 3

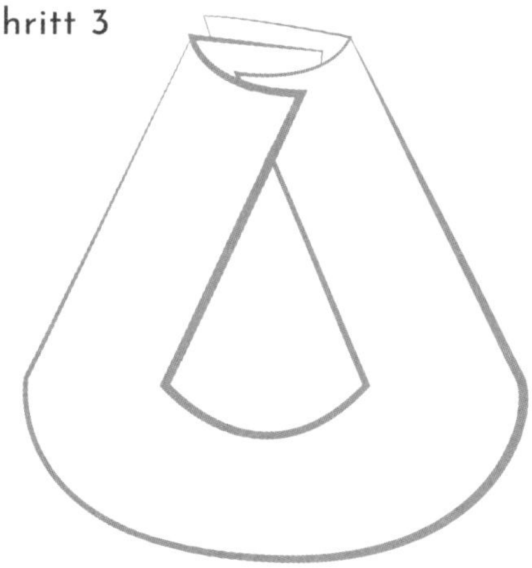

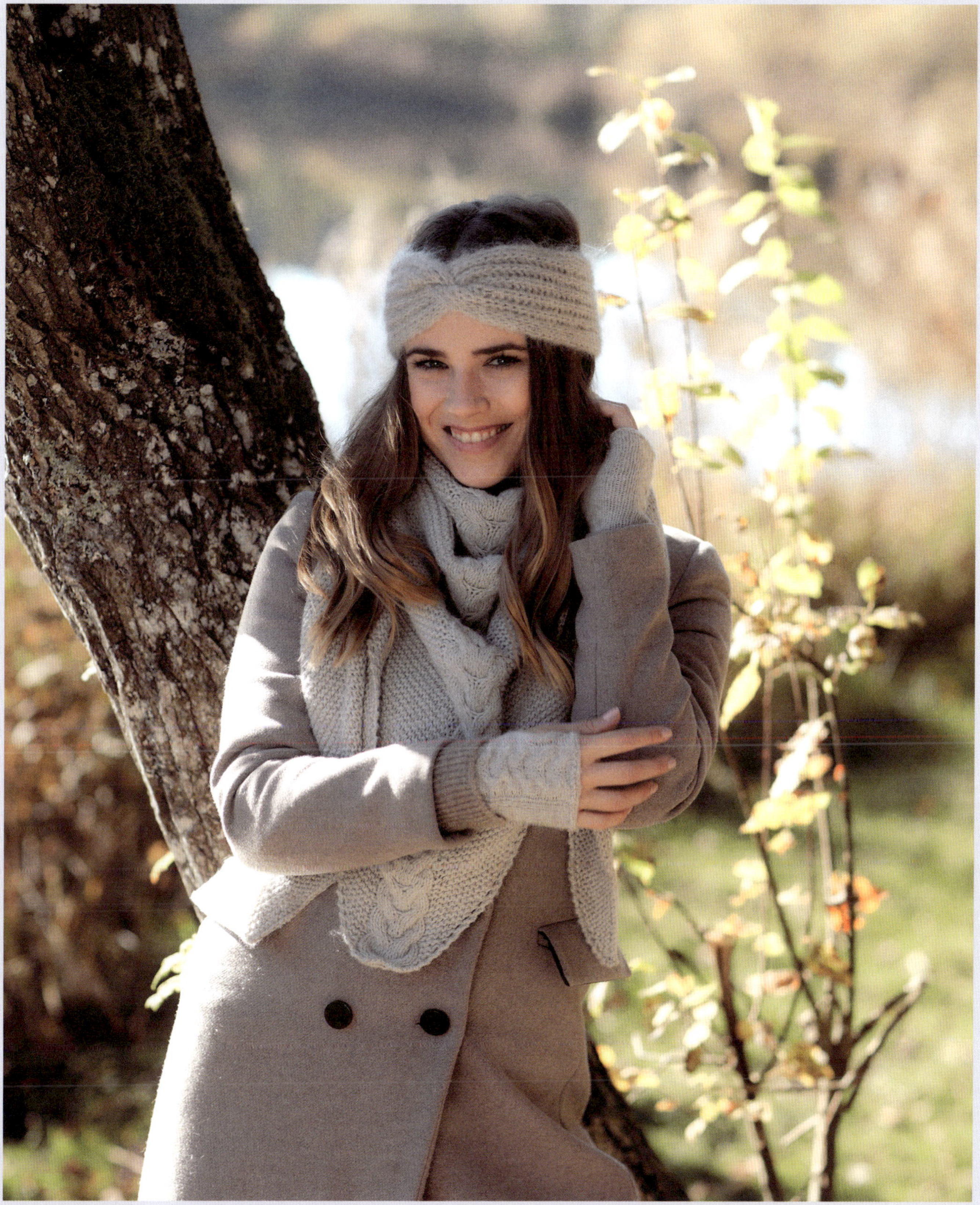

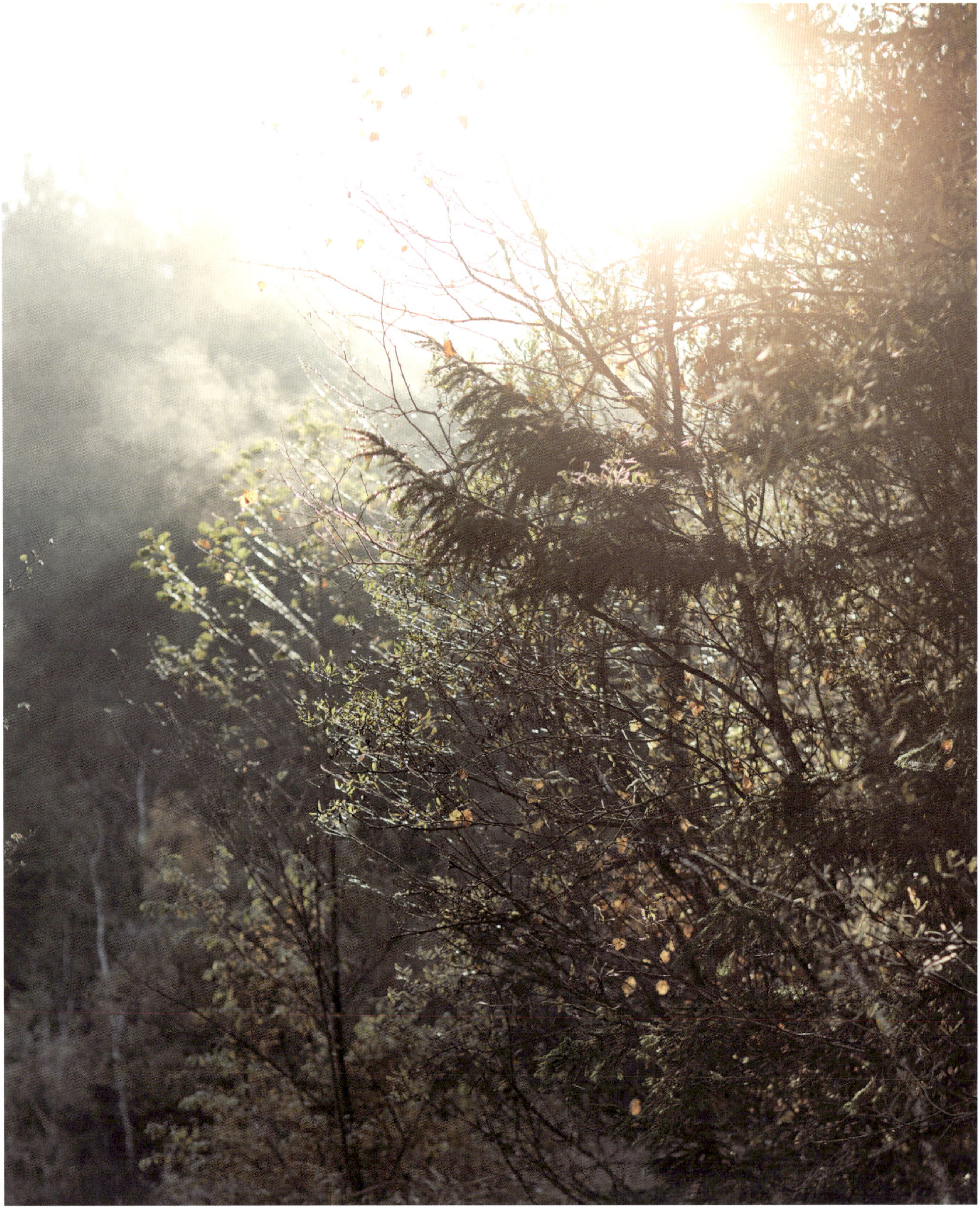

Verwendete Techniken

Stricktechniken

2 MASCHEN RECHTS ZUSAMMENSTRICKEN

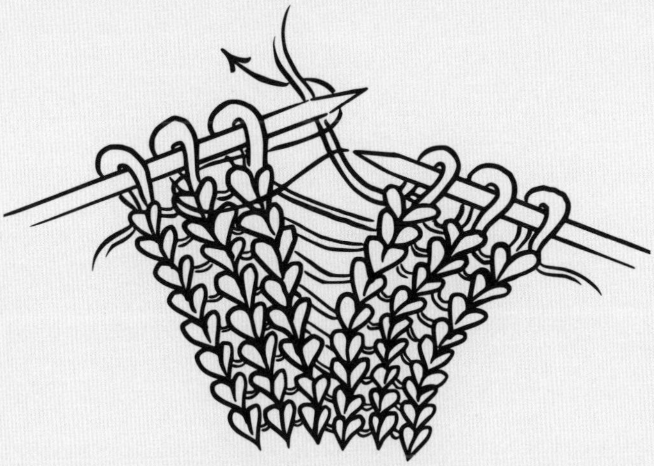

Wie zum Rechsstricken gleichzeitig durch die zweite und erste Masche auf der linken Nadel stechen.

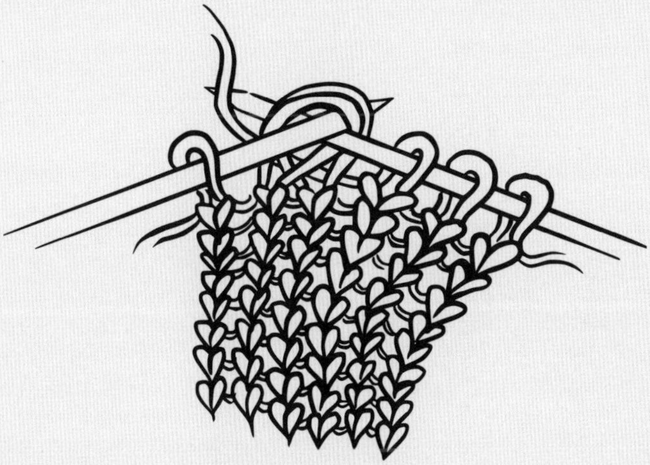

Beide Maschen rechts zusammen abstricken. Es wurde eine Masche abgenommen.

MASCHEN RECHTS ÜBERZOGEN ZUSAMMENSTRICKEN

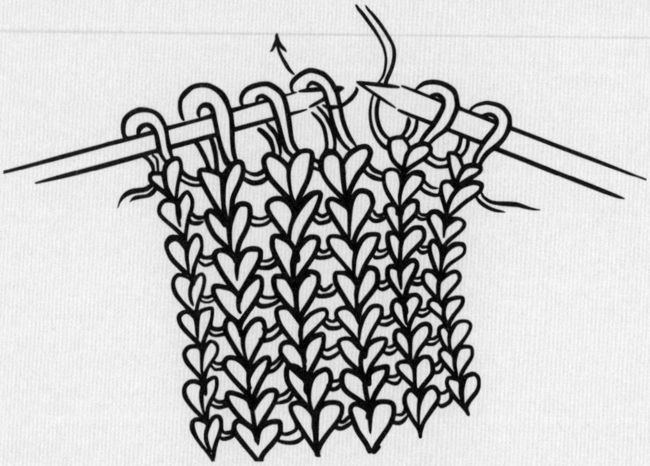

1. Wie zum Rechtsstricken eine Masche abheben.

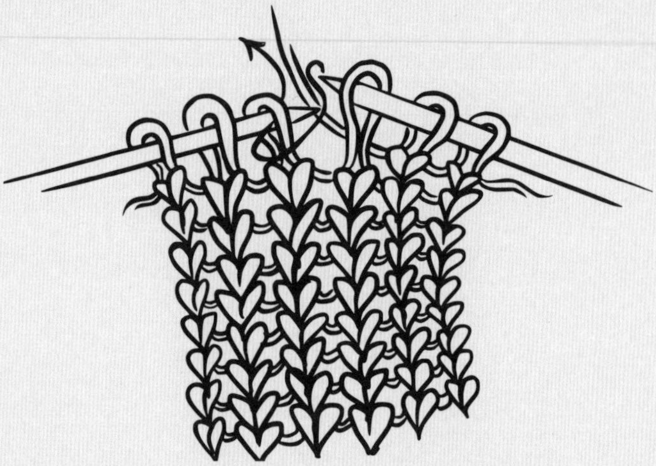

2. Die nächste Masche auf der linken Nadel rechts stricken.

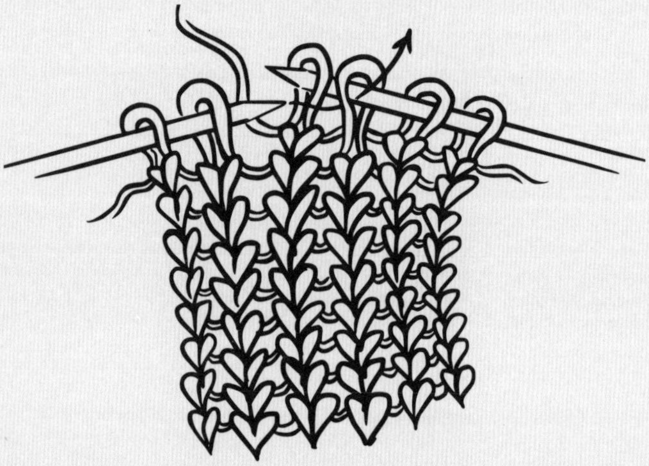

3. Mit der linken Nadel in die zuvor abgehobene Masche einstechen, …

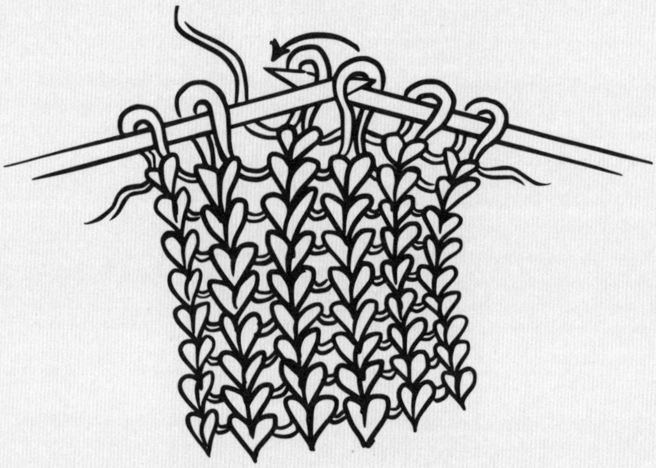

4. … und diese über die eben gestrickte ziehen. Es wurde eine Masche abgenommen.

3 MASCHEN RECHTS ÜBERZOGEN ZUSAMMENSTRICKEN

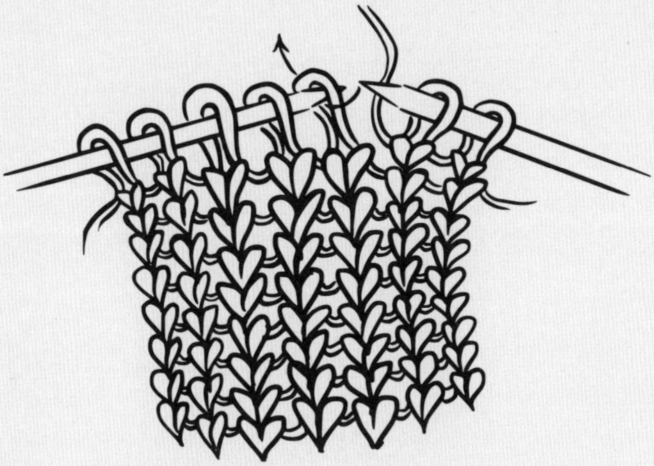

1. Die erste Masche auf der linken Nadel wie zum Rechtsstricken auf die rechte Nadel abheben.

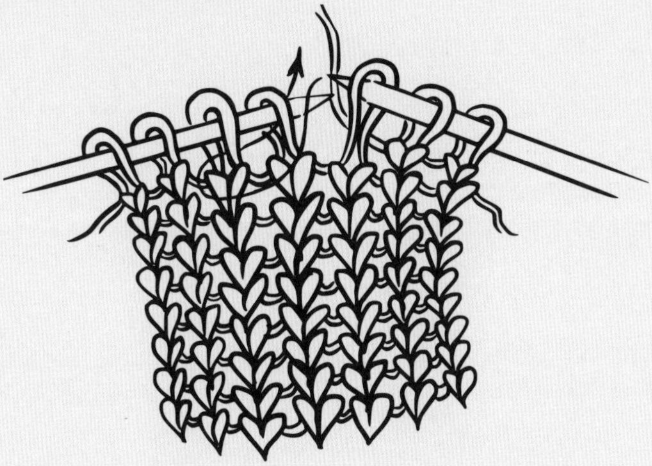

2. Die nächsten beiden Maschen auf der linken Nadel rechts zusammenstricken.

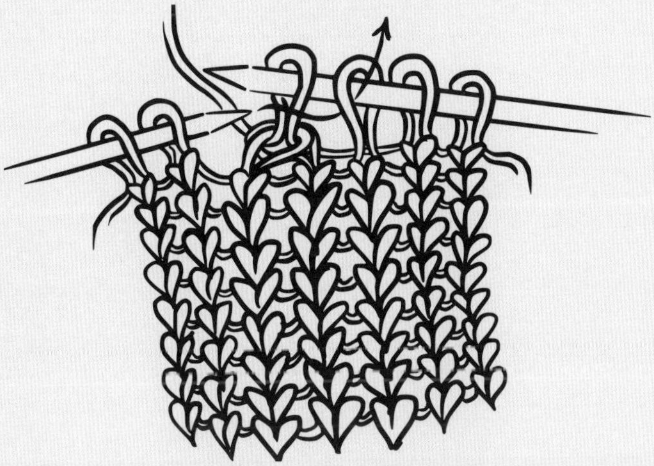

3. Nun mit der linken Nadel in die zuvor abgehobene Masche einstechen,

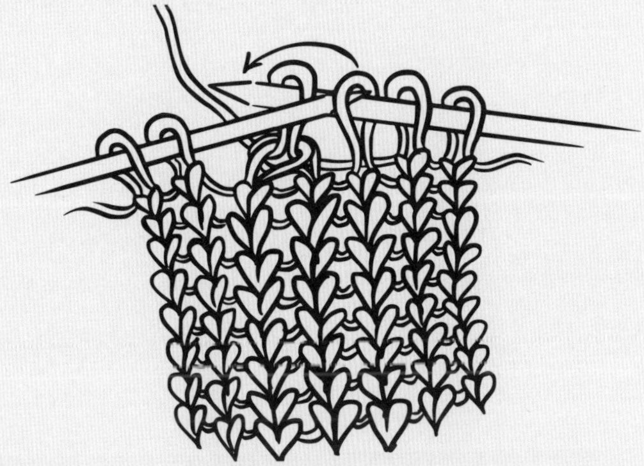

4. ... und diese über die eben gestrickte Masche ziehen. Es wurden zwei Maschen abgenommen.

UMSCHLAG

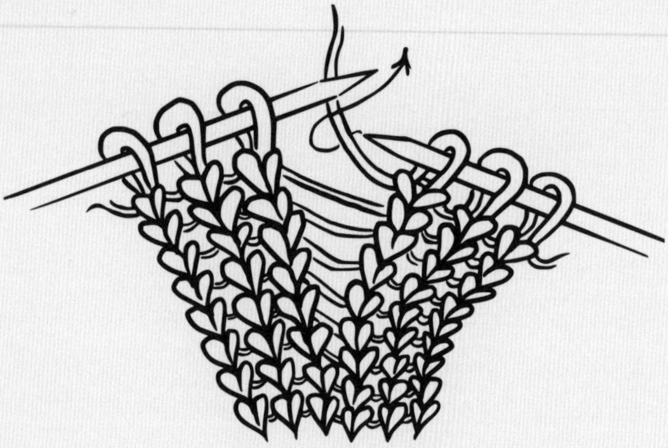

1. Mit der rechten Nadel von vorne nach hinten unter den Arbeitsfaden gehen und diesen aufnehmen.

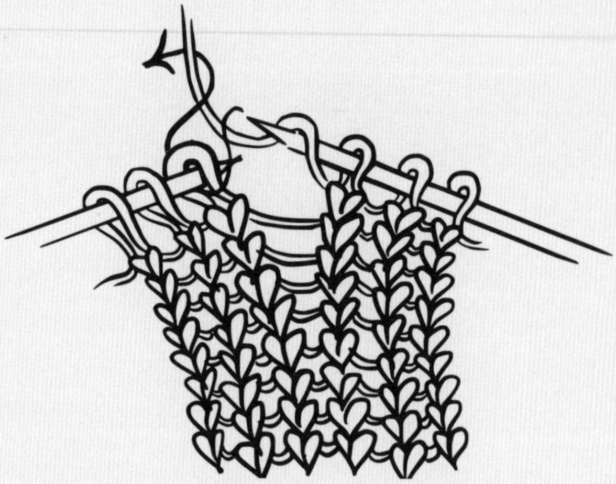

2. Die folgende Masche stricken, dabei den Umschlag auf der Nadel liegen lassen.

RECHTS VERSCHRÄNKTE MASCHE

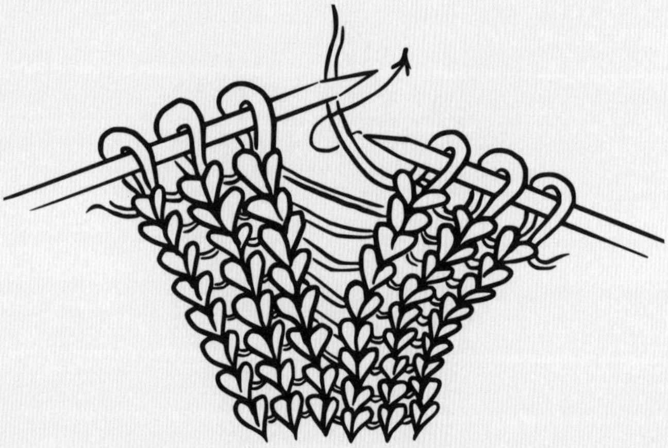

1. Der Faden liegt hinter der Arbeit. Mit der rechten Nadel von vorn nach hinten in den hinteren Teil der Masche auf der linken Nadel stechen.

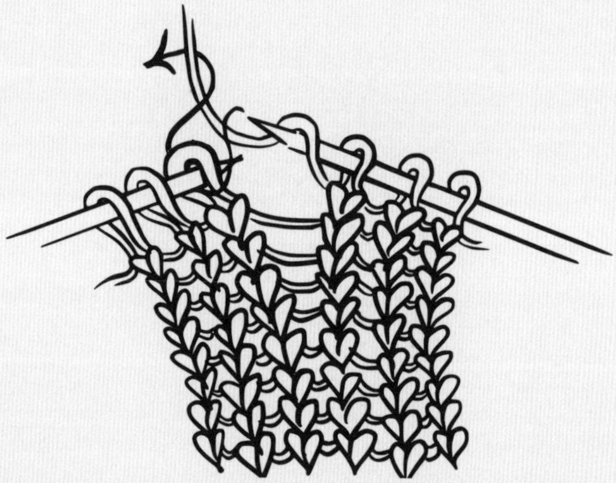

2. Den Faden um die Nadel legen und durch die Masche ziehen, die Masche von der linken Nadel gleiten lassen.

LINKS VERSCHRÄNKTE MASCHE

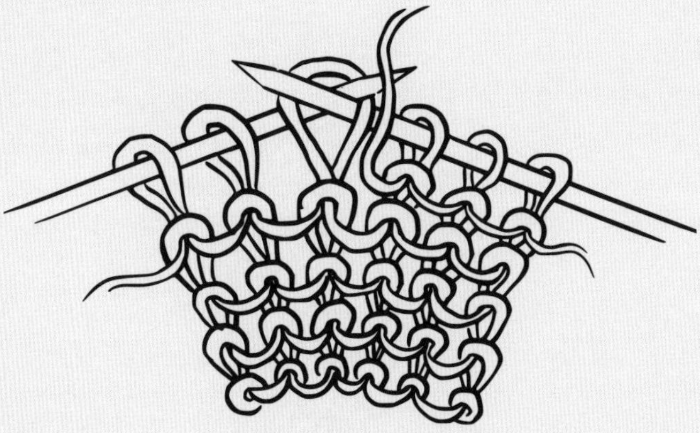

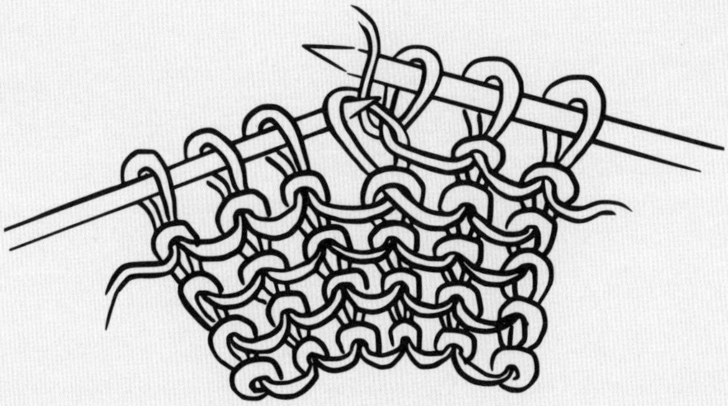

3. Der Faden liegt vor der Arbeit. Mit der rechten Nadel von hinten nach vorn in den hinteren Teil der Masche auf der linken Nadel stechen.

4. Den Faden um die Nadel legen und durch die Masche ziehen. Die Masche von der linken Nadel gleiten lassen.

TIEFER GESTOCHENE MASCHE

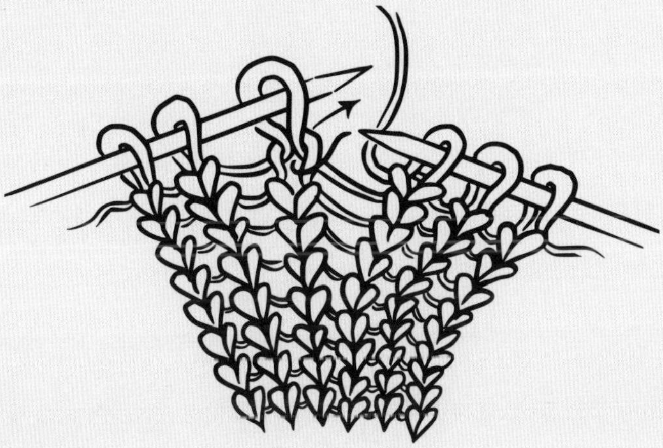

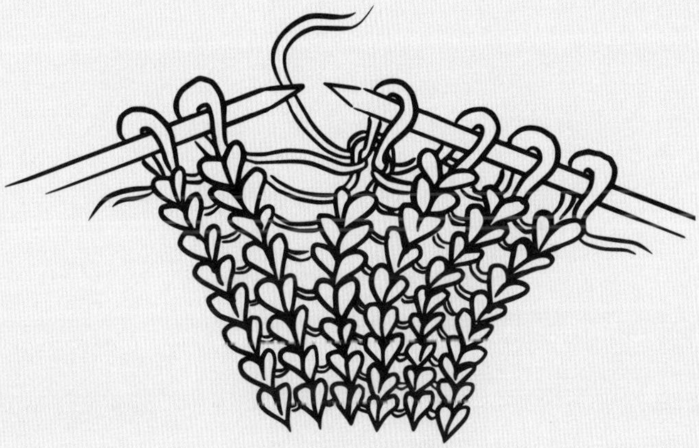

1. In die Masche eine Reihe unter der nächsten Masche auf der linken Nadel einstechen.

2. Diese Masche wie im Strickmuster angegeben rechts oder links stricken. Dieselbe Masche rechts stricken.

ZÖPFE STRICKEN

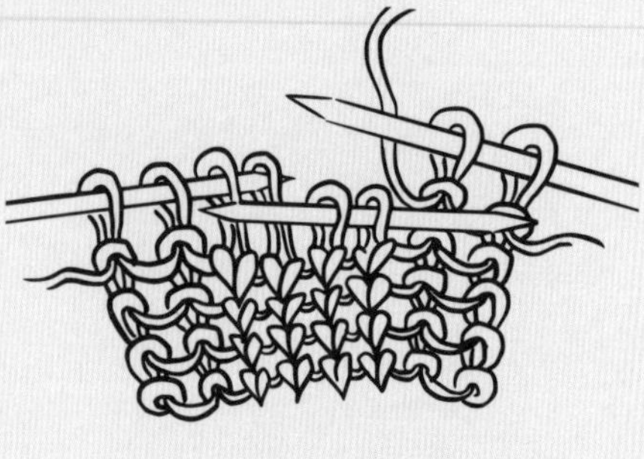

1. So viele Maschen wie angegeben auf eine Hilfsnadel schieben, die Hilfsnadel für einen Zopf nach links vor die Arbeit halten …

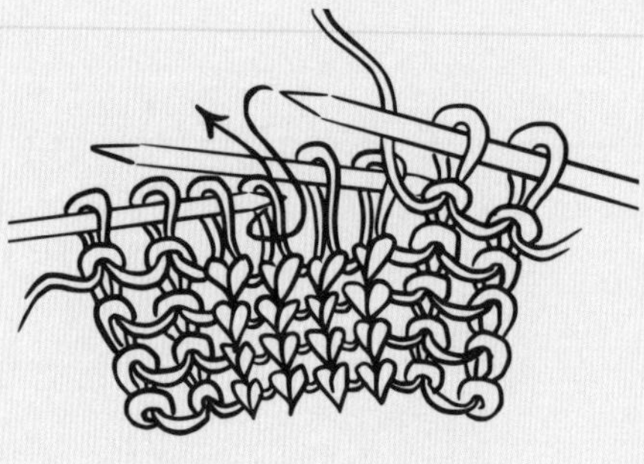

2. … oder hinter die Arbeit, für einen Zopf nach rechts.

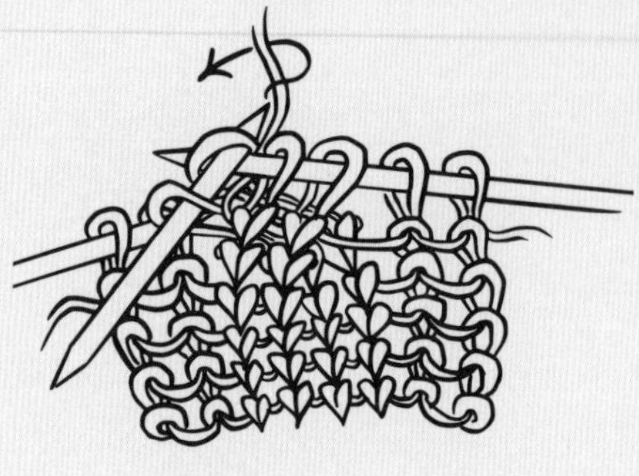

3. So viele Maschen wie angegeben von der linken Nadel stricken, dann die Maschen von der Hilfsnadel stricken, in der Reihenfolge, wie sie auf die Nadel geschoben wurden.

ZWEIFACHZUNAHME

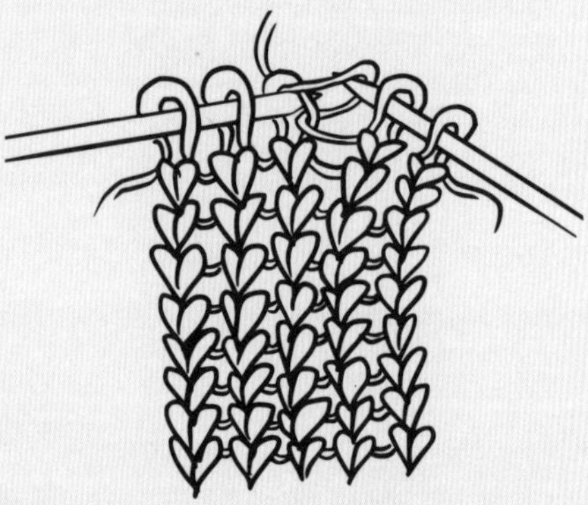

1. Mit der rechten Nadel in die erste Masche auf der linken Nadel einstechen und eine rechte Masche stricken (Abb. 1).

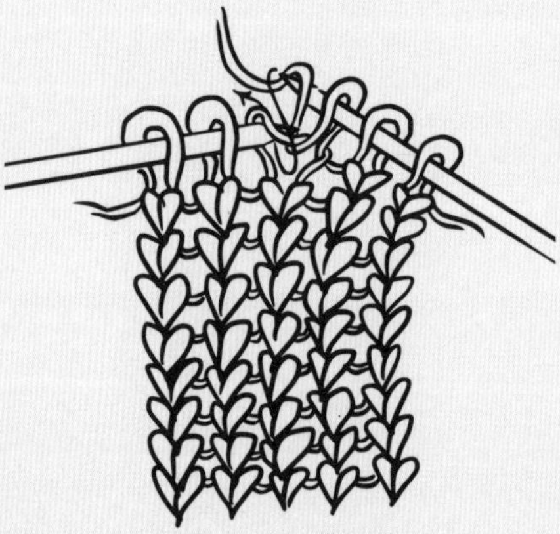

2. Diese nicht von der Nadel gleiten lassen. Einen Umschlag um die rechte Nadel bilden (Abb. 2).

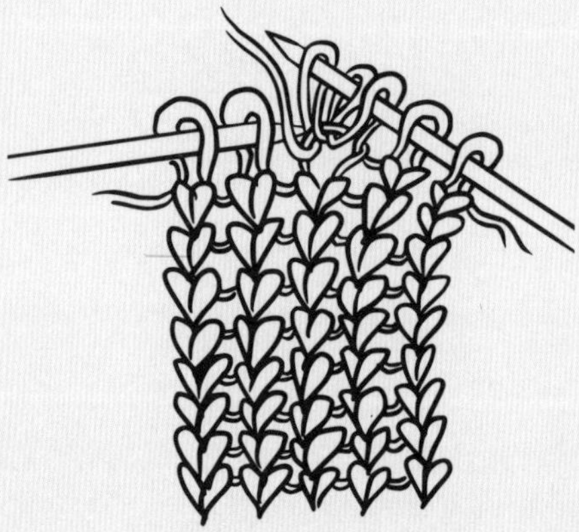

3. Erneut in die Masche auf der linken Nadel einstechen und eine rechte Masche stricken. Die Masche von der Nadel gleiten lassen (Abb. 3). Insgesamt wurden drei Maschen in eine Masche gearbeitet und dabei zwei Zunahmen gestrickt.

KREUZANSCHLAG

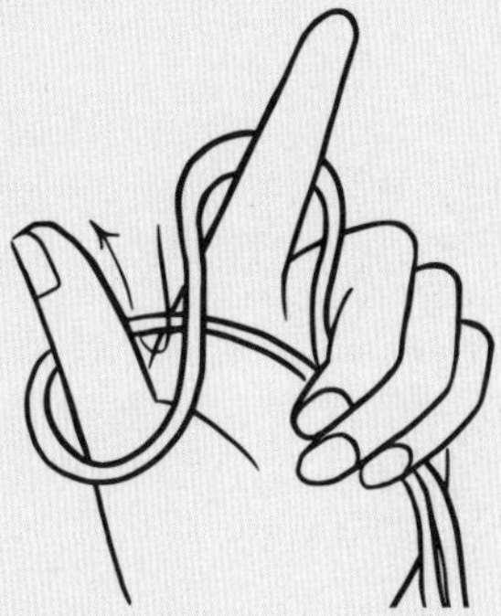

1. Den Faden wie auf dem Bild um Daumen und Zeigefinger schlingen und die Stricknadel in Pfeilrichtung hindurchführen.

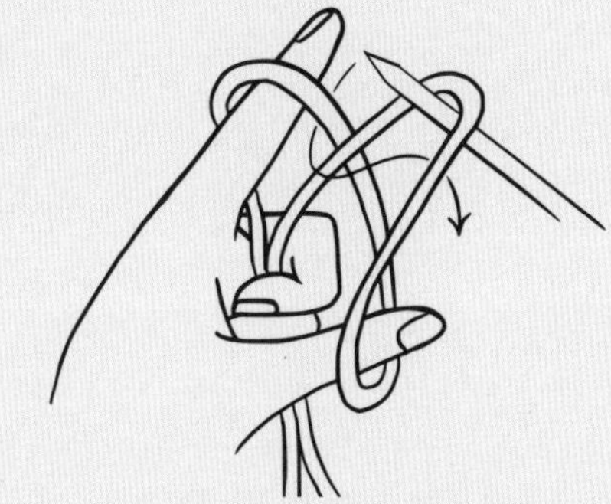

2. Den Faden am Zeigefinger mit der Nadel durch die Schlinge am Daumen holen.

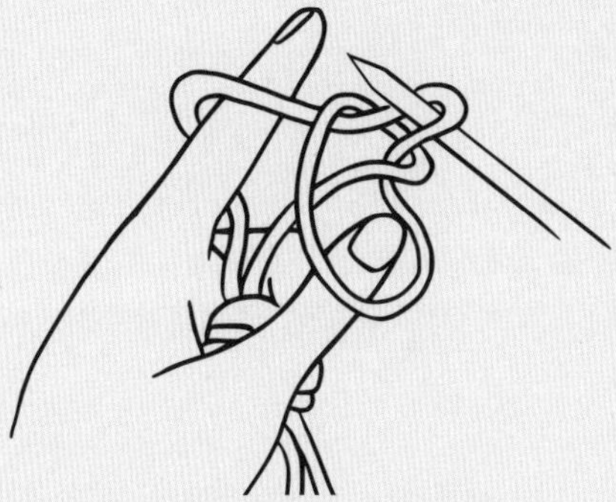

3. Den Faden vom Daumen gleiten lassen.

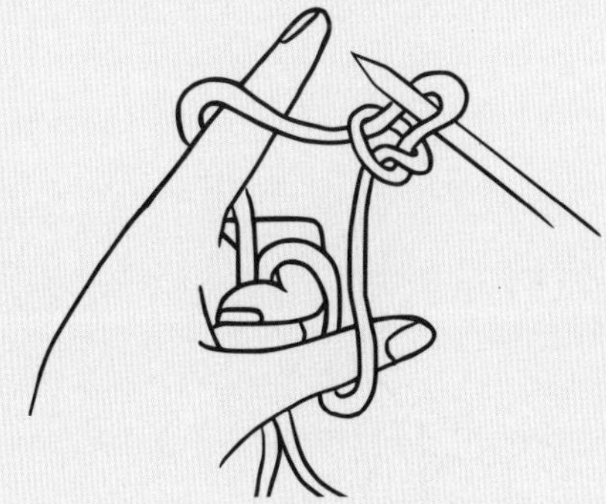

4. Den Fadenanfang um den Daumen legen und festziehen.

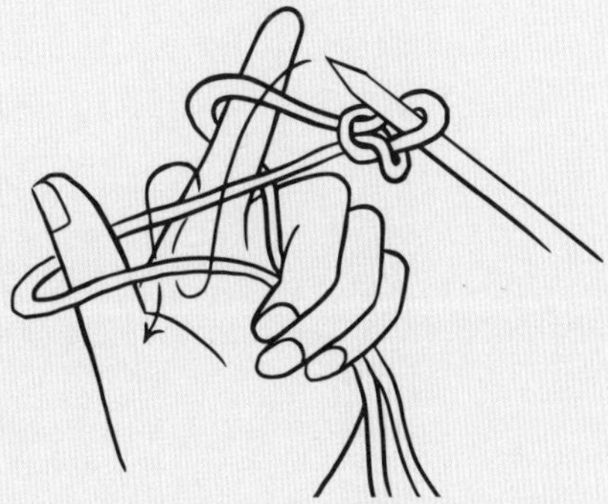

5. Wie in der Abbildung gezeigt, den Faden von oben nach unten durch die Daumenschlinge ziehen.

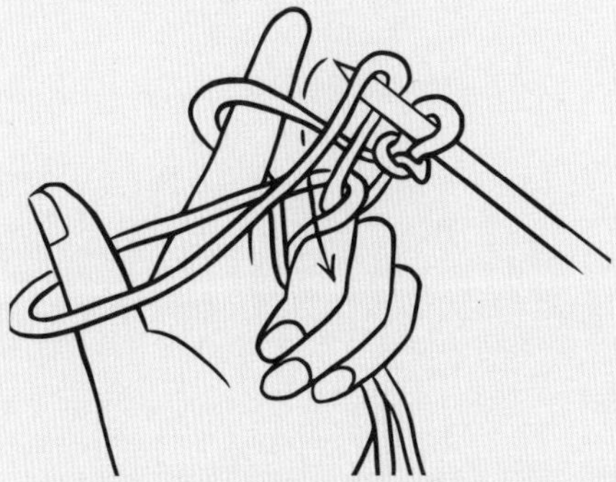

6. Den Faden vom Zeigefinger durch die Daumenschlinge holen.

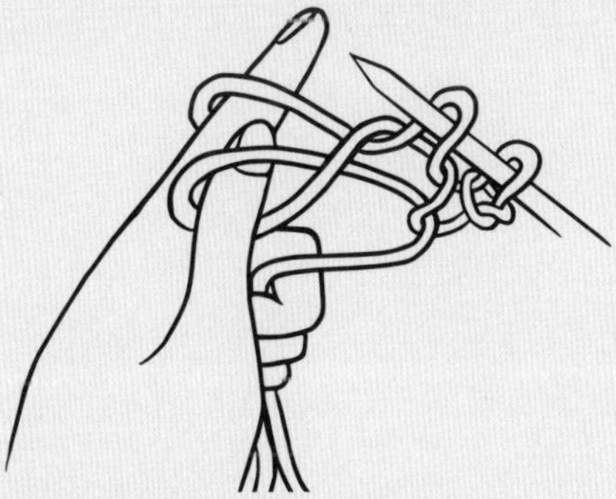

7. Den Faden vom Daumen gleiten lassen.

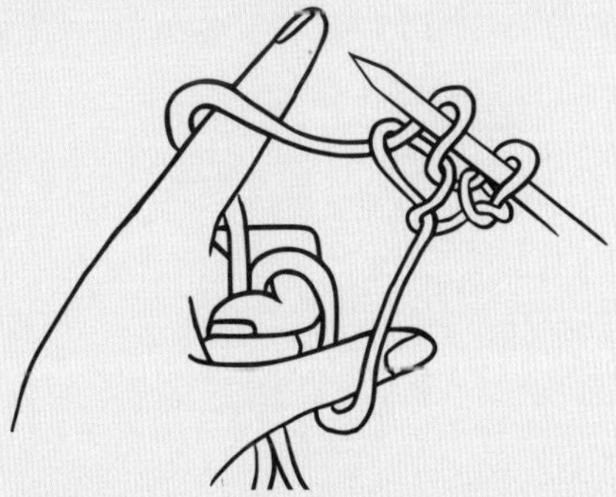

8. Den Faden um den Daumen legen und festziehen. Die Schritte 5 bis 8 stets wiederholen.

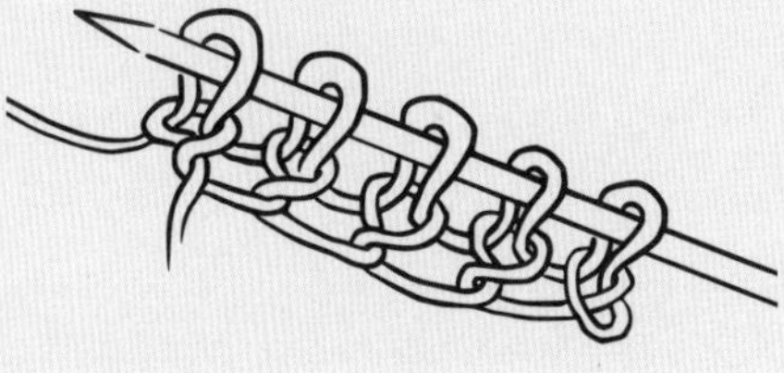

9. Anschlagmaschenreihe (10 M angeschlagen).

KLASSISCHES ABKETTEN

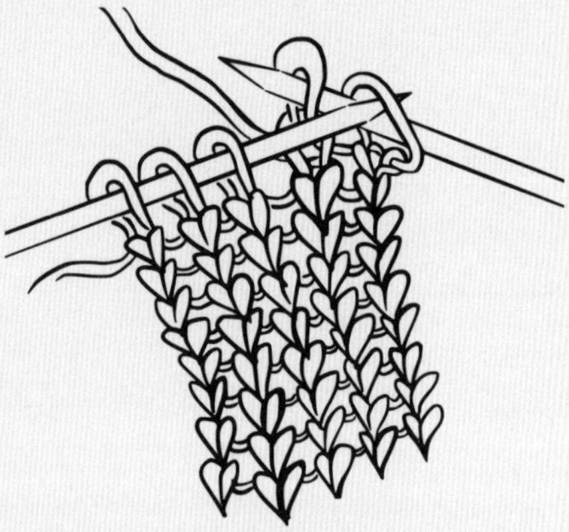

1. Zwei rechte Maschen stricken. Jetzt liegen zwei neue Maschen auf der rechten Nadel.
Mit der linken Nadel durch die erste Masche auf der rechten Nadel stechen und diese über die zweite Masche heben.

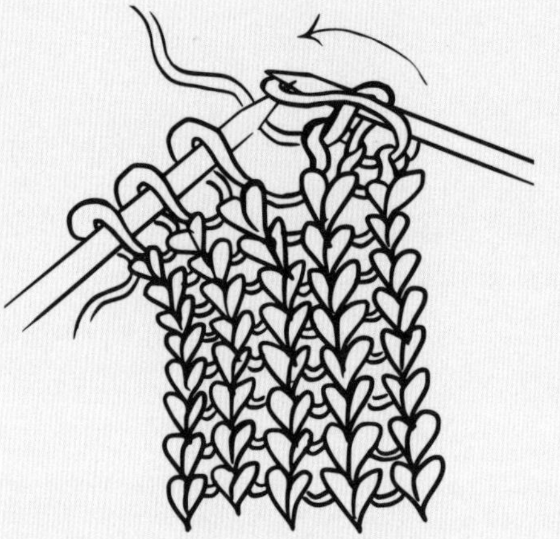

2. Diese Masche nun von der Nadel gleiten lassen. Es wurde eine Masche abgekettet.

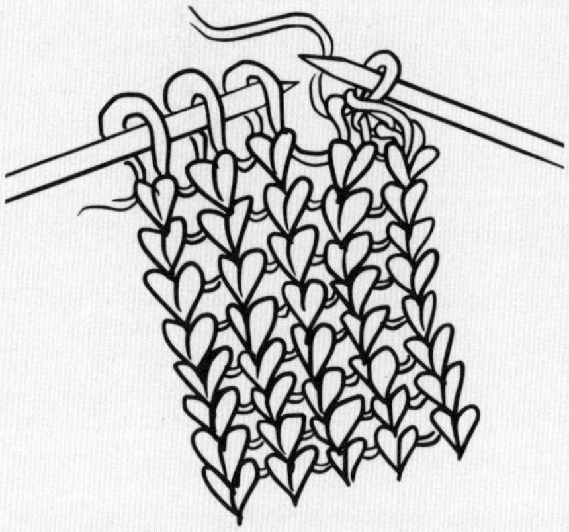

3. Eine neue rechte Masche stricken und die Schritte 2-3 wiederholen, bis nur noch eine Masche übrig bleibt.
Zum Beenden eines Strickstückes Faden abschneiden (nicht zu kurz) und durch die letzte Masche auf der rechten Nadel ziehen.

ELASTISCHES ABKETTEN

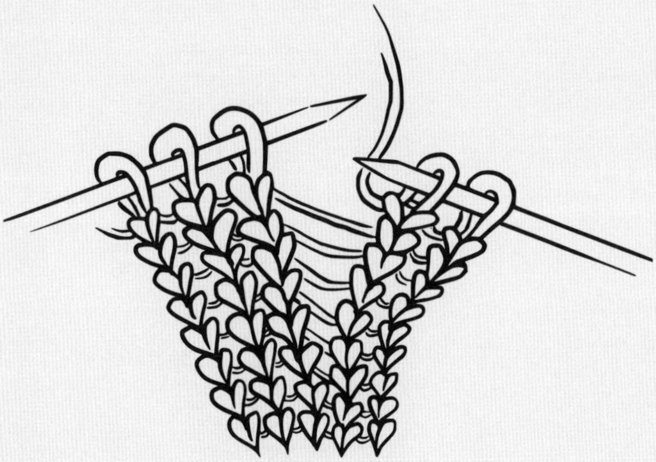

1. Zwei rechte Maschen stricken.

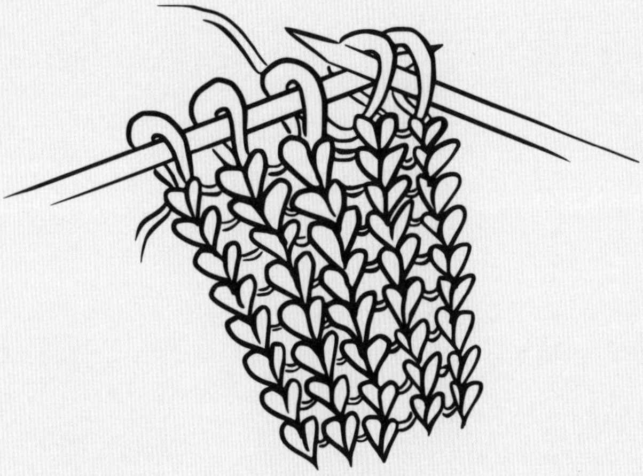

2. Die beiden Maschen, wie zum Linksstricken zurück auf die linke Nadel legen.

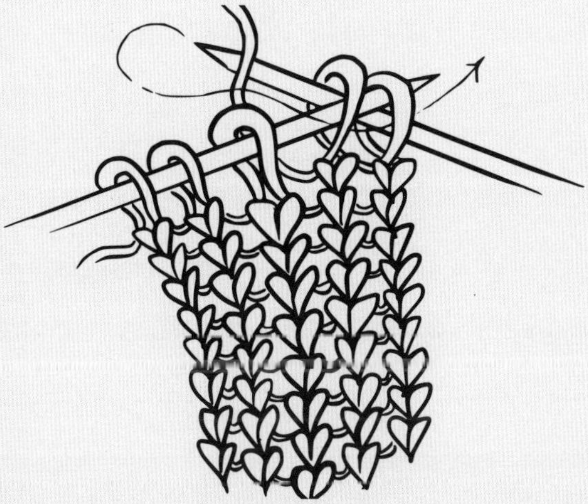

3. Nun diese beiden Maschen rechts zusammenstricken. Dabei sticht man in die hinteren Maschenglieder ein.

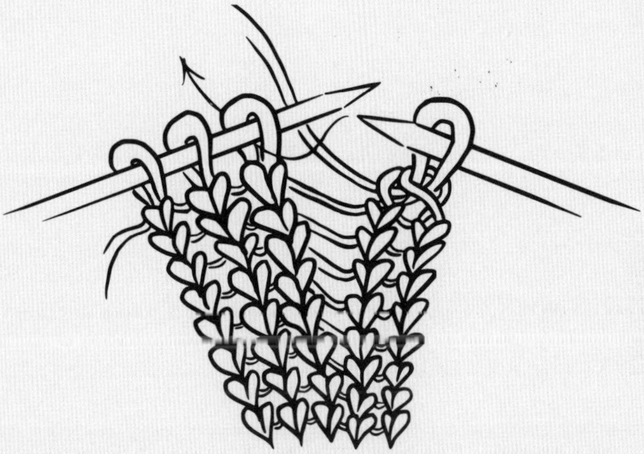

4. Die nächste Masche rechts stricken
Nun die Schritte 2-4 wiederholen, bis nur noch zwei Maschen übrig sind. Die beiden letzten Maschen wie in Schritt 3 rechts zusammenstricken. Den Faden abschneiden und durch die letzte Schlaufe ziehen.

ABKÜRZUNGEN SCHRIFTLICHE ANLEITUNG (ALPHABETISCH SORTIERT)

HR: Hinreihe

li M: linke Masche(n)

li verschränkte M: links verschränkte M

M: Masche(n)

M re zsm: Maschen rechts zusammenstricken

M re überzogen zsm: Maschen rechts überzogen zusammenstricken

R: Reihe(n)

Rd: Runde(n)

re M: rechte Masche(n)

re verschränkte M: rechts verschränkte Masche

RM: Randmaschen

RR: Rückreihe

tiefergestochene re M: tiefergestochene rechte Masche

U: Umschlag

Danke

Ein großes Dankeschön geht an Melanie Stiebner. Du bist auf meine Designs aufmerksam geworden und hast mir die Möglichkeit gegeben, dieses zauberhafte Buch zu schreiben. Auch Steffi Klapetek vom Stiebner Verlag möchte ich danken. Es war eine wundervolle Zusammenarbeit, und ich freue mich schon auf weitere Projekte mit dir.

Außerdem danke ich meinen lieben Testerinnen vom ganzem Herzen! Danke, dass ihr meine Designs nachgestrickt und mich unterstützt habt! Ohne euch wäre dieses Buch nicht möglich gewesen. Danke an: Jennifer Jonschefsky, Margit Resch, Jessica Pietryga, Stefanie Bender und Petra Kempka. Ihr seid die Besten! Standing Ovations für euch!

Herzlichen Dank auch an die Firmen Lana Grossa, Lang Yarns, Schachenmayr, GGH und Rico Design für das Zur-Verfügung-Stellen der kuschligen Garne. Dabei möchte ich vor allem Joanna Masiuk von Lana Grossa danken. Du begleitest meinen Strick-Weg seit einigen Jahren und unterstützt mich, wo es nur geht. Danke dafür!

Last but not least möchte ich meinem Lebenspartner André Resch danken! Danke, dass du immer für mich da bist und meine verrückte DIY-Welt unterstützt. Ich liebe dich!